小林信夫の模型世界

―第1章―

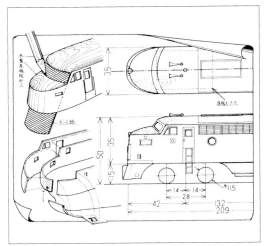
―第2章―

―第3章―

―第4章―

本書は小林信夫さんが月刊『鉄道模型趣味』（ＴＭＳ）に執筆した記事をセレクトし，一冊にまとめたものです。

小林さんのＴＭＳへの寄稿は1990（平成２）年にはじまり，72歳で亡くなられる2023（令和５）年までの33年間にわたるもので，その膨大なページ数ゆえに，１冊や２冊でまとまるものではありません。

そこで本書では，「小林さんが見た日本鉄道模型史」「小林さんの人生とモチーフへの想い」「だれでも作れる」という３つのテーマを軸にして収録記事を選定しました。

テーマ① 小林さんが見た日本鉄道模型史

小林さんは日本の鉄道模型の主流が０番から16番に移り変わろうとする時期に鉄道模型に入門され，Ｎゲージやナローの創世記も体験。さらに社会人になってからは，仕事として勃興期のＮゲージ製品開発にも関与。そういったファンとして，プロとしての様々な体験も，記事中にさりげなく記されていたのです。

リアルタイムで体験されたがゆえの貴重な証言，メーカーの正史に残ることのないであろうエピソードの数々は，鉄道模型史としても重要なものであります。

テーマ② 小林さんの人生とモチーフへの想い

小林さんは昭和20年代後半に名古屋近郊の勝川で生まれ，晩年の姫路市飾磨に至るまで転居を繰り返されました。その「引っ越し人生」において，住んでいた街・走っていた鉄道・出会った建物，それらに対する想いやその土地土地で暮らした日々の記憶を模型やイラストにて表現され，記事に記されていたのです。

テーマ③ だれでも作れる

小林さんの記事は寸法図や明快なイラストによる組立図解の入った「作り方」が多く，しかもそれらは「これなら作れそう」と思わせるものでした。そして，実際にＴＭＳ読者に作例として参考にされ，記事から誕生した作品も多かったのです。

本書は以上の３つのテーマによって記事を選定し，それらを「小レイアウト」「フリーランス」「ストラクチャー」「ナロー」という小林さんが好まれた４つのジャンルごとの章にまとめています。

第１章 小レイアウトの夢

山崎喜陽主筆による創刊号の記事「あなたのモデルにレイアウトの夢を！」以来，ＴＭＳは読者にレイアウトの魅力をアピールしてきました。

ＴＭＳイズムのフォロワーである小林さんも，イラストや記事を通じてレイアウトの楽しさを伝えてきたお一人。本章ではまず小林さんのルーツの一つである中村汪介さんの「三津根鉄道」に関する想いを紹介。続いてＮゲージ小半径線路を遊びつくす2006年のシリーズ記事「軌間９ミリ小カーブで遊ぶ」を収録しています。

Ｎゲージ小半径線路が安定的に供給され，車輌面でもＮゲージやナロー９ミリの小型車輌製品が充実した令和の今だからこそ，参考になる記事でしょう。

第２章 フリーランスの愉しみ

小林さんといえばフリーランス。本章ではまず小電鉄レイアウトの夢を託して作られた一群を紹介する「海へ向って走る小型電車」を収録。明快な図解によるペーパー電車の作り方も参考になる内容です。

続いて小林さんが好まれたモチーフをフリーランスという形で昇華した４記事を収録。この後者４編はいずれも小林さんらしいいささかアクの強いフリーですが，単なる作品発表にとどまらない，小林さんの人生の一端が記された内容の記事を選んであります。

第３章 ストラクチャー工作雑感

小林さんが好まれたモチーフから，工場，ガソリンスタンド，アパート，映画館，空港，駅，そしてボンネットバスの記事を選定。いずれも小林信夫ワールドに欠かせない存在ですが，作りやすい内容，多くの人に参考にされた記事を中心に選定。ストラクチャー本体の作り方のみならず，実際の建物やその周辺の解説も含めて，レイアウトを目指す方々に役立つに違いありません。

第４章 ナローの魅力

小林さんはナローもお好きで，1/80ナローやＯナロー作品も多数発表されましたが，その中からＮゲージ動力ユニットを使って小林流モデリングを楽しめる記事「簡単に単端を作る」と，ＴＭＳへの初登場記事にして，私的ナロー遍歴と1970年代にナローファンに親しまれたホワイトメタルキットの思い出を記された「ナロー蒸機２ダース＋１」を収録しました。

紙数の関係により断腸の思いで収録を見送った記事も多く，本書収録の記事は広大なる小林さんの世界の一部でしかありませんが，皆さんにとって新たな模型世界を生み出す起爆剤となれば幸いです。

それでは皆さん，「小林信夫の模型世界」を探訪してまいりましょう。

小林信夫の模型世界 ——目次

第1章 小レイアウトの夢　　5

- 小林さんの原点・三津根鉄道　〈732・966〉　6
- 軌間9mm小カーブで遊ぶ　　8
  - 歴史の中の小カーブ/Nゲージの小カーブ　〈752〉　8
  - バンダイR100とトミー「鉄コレ」で遊ぶ　〈753〉　12
  - 奥行き30cmにつくるNゲージ本格郊外電車レイアウトの試み　〈754〉　18
  - 奥行き30cmレイアウトの背景処理　〈756〉　24
- シーナリィスケッチ　想い出の'60s　〈910〉　29
  - トミー「ミニカーブ」に思うこと　〈757〉　30
  - Cタンクとマッチ箱　〈759〉　36
    ― Nゲージ非電化ローカルレイアウトの試み，そして，そのむずかしさ…。
  - 30×45cmレイアウト"レールバスの里"探訪の旅　〈760〉　42

第2章 フリーランスの愉しみ　　49

- 海へ向かって走る小型電車 銚子電鉄ムードの12輛　〈546〉　50
- ―あなたの青大将編成に― 密閉式展望車を！　〈821〉　60
- 夢のドームカー　〈820〉　66
- フリー，デフォルメの造形―その発想・分析・展開　〈814〉　74
- "真説"レッドアロー誕生秘話　〈851〉　82

第3章 ストラクチャー雑感　　89

- 小さな工場を作りましょう！―貴方も工場経営者―　〈804〉　90
- ガソリンスタンド考　〈798〉　97
- バス停考　〈806〉　103
- 三軒棟割り長屋タイプの製作 ―貴方も今日からアパート経営者！―　〈753〉　104
- 映画館の製作　〈890〉　108
- 空港建設に関する諸考察　〈796〉　116
- レイアウトスケッチ 空港レイアウト　〈827〉　123
- 小さな駅の作り方　〈642〉　124
- ― 1/80レイアウトアクセサリーとしての― 戦後ボンネットバスさまざま　〈613・614〉　130

第4章 ナローの魅力　　137

- 単端式ガソリン動車が走る街　〈553〉　138
- 簡単に単端を作る　〈553〉　140
- ナロー蒸機2ダース＋1　〈529〉　146

- 解説にかえて　　158

〈　〉内は掲載した月刊『鉄道模型趣味』(TMS)の号数

第1章

小レイアウトの夢

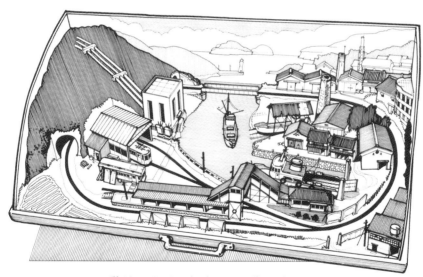

私は，やはり年少のNゲージャーに，
一度は本物の固定レイアウトの深み・奥行きを
経験してもらいたい気がします。
それがNゲージのもともとのスタートラインだったはずだし，
そこを経由してその先どう進もうが，全く自由な訳です。

小林さんの原点・三津根鉄道

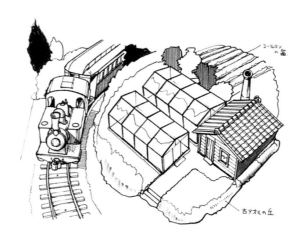

　"定尺物"と云われる3×6尺(910×1820㎜)のベニヤ1枚の上に作るレイアウトがモデラーの夢だった時代があります。

　もとより，当時から，それをはるかにしのぐ"正に"夢"の大レイアウトの建設を試みる，恵まれた方も居られましたが，一般の居住環境，住宅事情を思うと定尺物は手の届き得る，現実感のあるギリギリの夢だったように思います。

　今や，極めてシステマチックに，懇切丁寧に設計された市販製品を駆使して，Nゲージの大レイアウトが次々製作され，誌面を賑わす状況は，私には夢のように思われます。

　どうこう云っても，やはり日本の生活水準も向上したなぁと思うと同時に，何も無かった時代，まさにゼロからのスタートだった頃のレイアウトにも，又，それなりの魅力があった事をしみじみ感じます。

　何も無いが故の創意工夫，類型化(マンネリズム)とは無縁の，時代設定もテクニックもどこかに吹き飛んでしまって，尚かつ残る抗い難い魅力の源は何だったのだろうと，いつも思います。

　そんな時代の定尺レイアウトの中で，いつも私の原点としてあったのは三津根鉄道(中村汪介氏　TMS1960年6月：144号)でした。

　氏のレイアウトのその後の発展，又，その鉄道の為の車輌の工作記事は，以後かなりの期間，折にふれTMS誌上に発表され，それを読むのは大きな楽しみでした。

　幾分フリー，簡略化し，運転に徹した車輌工作，同じく，省略の美を感じさせるレイアウト風景は私の作風に少なからぬ影響を与えたように思います。そして，それらが，強烈な自己主張，押し付けがましさを伴う事なく，さりげなく，自然な型で提示され，見る者に自由な想像力を喚起させる余地を存分に残してくれていたのは，氏の御人柄によるものだったのかも知れません。
(TMS2004年12月号「"定尺物"レイアウトに想う」より)

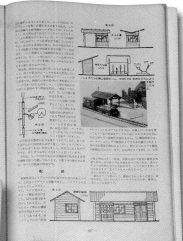

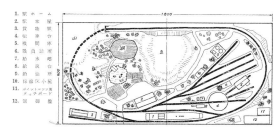

1. 駅ホーム
2. 駅本屋
3. 貨物駅
4. 駐車場
5. 機関区
6. 職員詰所
7. 給水塔
8. 給炭
9. 給油
10. 保線区小屋
11. ポイントマシン用ダッシュボード
12. 制御盤

　日本型Nゲージがそろそろ現実のものとなった頃、最初に思ったのは、三津根鉄道をN（当時"9ミリゲージ"）でそのまま作ったら、たたんで45センチ四方。これなら四畳半の下宿に置けるナァ～という事でした。（御承知の如く、オリジナルは定尺180×90センチの二ツ折り）

　社会人となり、許されて最初に自身の企画デザインで世に問うたのは、そんな訳で、同鉄道の主力KTMのフリーランスCタンクをNにアレンジしたものでした。

　急カーブの線路は、すでにフレキがあったし、客貨車は、小さいだけでペーパー自作の自信がありました。

　20mの新型電車ばかりの当時のNの世界で、相当異質な"Cタンク"は、まァ好評でした（自画自賛か？）が、性能不安定、海外生産の事情もあって、短命に終わりました。

　あれから半世紀が過ぎ、当時思い描いたようなNの小レイアウト向きの客貨車は自由に（といってもブラインドBOXですけど）手に入るようになり、しかし、肝心のロコはなし。（DLでは…）

　なかなかうまくいかぬものです。
（TMS 2022年7月号「楽しい軽工作34．トレーの丘，下敷きの温室」より）

レイアウト雑感——
軌間9mm小カーブで遊ぶ

そんなの捨てて行きなさい！
今度の家は狭いんだから…

あえて"急カーブ"とは申しません。我々の模型鉄道のカーブは、実物的（スケール的）に見れば、皆、途方もない急カーブですし、昨今、この語にはいささかのマイナスイメージもつきまといます。

カーブは緩い方が良いに決まっています。我々の模型は、何も曲率が「急」なのが目的なのではなく、小さなスペースで存分に遊びたい、走らせたいから、結果「急」になるだけの話です。

ですから、本シリーズのタイトルには、あえて「小カーブ」の表現を選び、私が何時も考えている極小スペースでのレイアウトの楽しみ、と云ったものをテーマにしたいと思います。

更に、もう少し絞り込むなら、本線エンドレスR200以下程度、ジオラマやセクションではない、独立して連続運転可能の軌間9mmの模型鉄道の世界とでもなりましょうか。

従来、相当特殊と言われて来たこの世界は、市販製品の急速な充実もあり、線路・車輌両面とも、仲々面白くなって来たように思います。

歴史の中の小カーブ
（私の急カーブ遍歴）

私の急カーブ信奉は、おそらくはTMSに啓発された少年期からの一貫したレイアウト指向 ── 情景の中で走らせたい ── と、生涯に於ける引越し・転居の多さ、そして、そこから来る住環境の問題とが結び付いたところもあります。

作り付けの固定レイアウトなど、夢の又夢。引越しオート三輪の荷台の片隅にチョンと載せて、又、手に下げて自ら運べるサイズの物でないと、本気で作り込む気にさえなれなかったのです。

小学校だけで5回も転校している私にとって、クラブや仲間が集まっての持ち寄り運転会と云ったものも縁遠い存在で、一人で完結した遊びの出来るパーソナルレイアウト的方向性も、早くに定まっていました。

当然9ミリゲージ（Nゲージ）の誕生は大きな福音であり、明るいウッドブラウンの枕木、独特の可動フログのポイント、それにC50とオハ31は発売数日後に私の手許にありました。

C50は名古屋や豊橋で入換用に多用されていて私には親しいロコでしたし、17mのオハ31系も急速に数を減じていたものの、その数年前まで関西線や中央（西）線（特に関西線が多かった）のローカル列車の中に必ず1輌くらい混じっていて、私はそのススけたリベットだらけのボディーが好きで、わざわざ選んで乗る程でした。

私のレイアウトへの夢は大きくふくらみました。

当時（1960年代中頃）の名古屋は「4大百貨店」の時代で、新名古屋地下駅直上の新進「名鉄デパート」、栄町交差点に覇を競う「オリエンタル中村」と「丸栄」、そして交差点をちょっと南に下って「松坂屋本店」が、歴史と伝統のクラシカルな威容を誇っていました。

この松坂屋が鉄道模型の品揃えでも他を圧しており、HOの細かいパーツなども、ここに行けば大てい揃いました。

面長の特徴ある風貌のベテラン店員さんがいつもガラスのカウンター越しに立っていて、親切にお客の相談に乗っていました。

或る日、待ちわびた国産9ミリゲージが入荷して、私はその一式を買い求めましたが、顔なじみのこの店員さんが「あんまり、おすすめ出来

↑1960年代末，Egger・Jouefの線路を組み合わせて作った，筆者のR140ナローのテストレイアウト。Egger-Bahnのカタログは私の宝物。

ませんヨ…」と，申し訳なさそうな顔をしながら包んでくれたのは，私にとって一抹の不安でした。

技術にも詳しい極めて誠実な方で，私も昔からキット組立のアドバイスを受けたり，いろいろ御世話になっていた人だったので，その言葉は私には重かったのです。

持ち帰っての試走は，やはり私にとっても納得の行くものではなく，この新ゲージ，レイアウト建設に対する想いが，しぼんで行くのを感じました。期待が大きすぎたのかも知れません。あとで思うと，主因はやはり集電の不安定ではなかったかと思います。何もかも，HOをそのまま1/2にしたような作りでしたから。

しかし，一旦しぼみかけた軌間9mmに対する興味は，まもなくHOn2 1/2によって私の中に引き継がれる事になります。

Egger-BahnのR140と云う極小エンドレスは，スケールレイアウト指向の緩やかなカーブでスタートした日本のNゲージ線路を見慣れた眼には，極めてコンパクトで（しかも車輌はHOサイズ！），こんなもの本当に走るのかと思いました。

この西独ブランドは私の知る限り，名古屋では駅前の名鉄デパートの模型売場のみに入荷していました。

実際に手にして，机の上のミニエンドレスをゾロゾロ快調に走り廻るトロッコ列車を見ての私の第一印象は，やはりはるかな鉄道模型先進国，西ドイツと云う事でした。

"マグナクラフト"と云ってシャシーフレームに取付けた永久磁石と鉄レールが引き合って粘着力（と多分集電性）を高める工夫など，流石と思いました。

2軸の軽いプラ製ロコにゴムタイヤなど使えるはずもなく，ウェイトにも限界があっての工夫と見えました。

急曲線走行の「積極的魅力」を私に教えてくれたのは，このEgger-Bahn（と，多分セトデン…！）です。

フランスの老舗メーカーJouefもDecauvilleタイプのロコと軌匡でEggerに追随し，R140はナロー9mmのスタンダードカーブの趣がありました。

ポイントも，このRから接線方向に分岐するものが標準でした。

日本では，相当おくれてシノハラがR150とR200の固定線路・ポイントを出し，これは極めて繊細な出来の高級指向品で，しかしその割に安価な好製品でしたが，すでにナローファンの主流はPECO '009'用のフレキ＆ポイントにあったように思います。

シノハラ製品に関しては，特にポイント用の手軽で楽しい手動転換器が欲しいと今でも思っています。（いかにも'軽便'らしいデザインの…）

軌間9mmのナローゲージモデルは，この後も'本家'筋のNゲージの隆盛にも支えられ，或いは1/80，或いは1/87で数多くの車輌，数少ないストラクチャー，運転関係製品が市場を賑わせて来ましたが，そろそろ我が国でもレールシステムも含め，トータルな世界を構築するメーカーが存在しても良いかな？　と云う気もします。

近着のTMS誌上に，往年のEggerを，ラージスケールでリメイクしたオマージュ的作品をしばしば目にします。

このメーカーの'幻'とさえ云って良い短い生涯（実働1960年代後半の数年と思います）を想う時，それと反比例するように，ナローファンの心に残る残像の大きさ，記憶の長さを感じます。

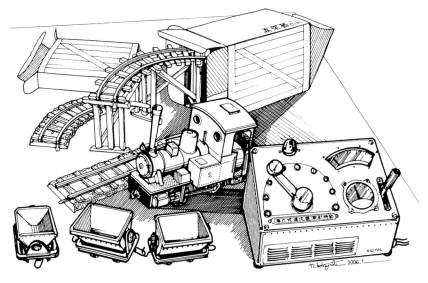

↑筆者が個人的に製作・所蔵する旧Bachmann（ナインスケール）のNゲージテストレイアウト。奥行40cmのこのテスト線上で，20m車の連結運転の出来る事はとうに確認していました。電車は古いグリーンマックスキットの改造品，20m車の動力はTomixのスプリングウォーム。

たった一種類のちっぽけなパワーユニットを基に，豊かなフリーランスデザインの世界を展開して行ったこのメーカーの魅力は，ひとり車輛にとどまらず，線路・運転関係・パッケージ・カタログ等も含めたトータルなものだったように思います。

私には，ことナローに関しては，○○軽便鉄道○号機の細密モデルより，プロトタイプさえ未だに判然としないEggerの2号機の方が，今尚はるかに魅力的です。

Nゲージの小カーブ
一近年の新しい動きー

さて，当初の私のいささかの失望などお構いなく，日本のNゲージは多くの熱心なファン，そしてそれに優るとも劣らぬ熱心さで品質改良・生産技術革新に取り組むメーカーの努力に支えられて順調に発展，今日の隆盛を見た訳ですが，ひとつ私に不満があるとすれば，それはやはりカーブ半径です。

日本のNゲージは，その創世当初より非常に明確なスケールレイアウト，スケール車輛指向で，良くも悪くも‛トイライク’な面を残すヨーロッパ製品と明確な一線を画していました。

ポイントは5番（パッケージに誇らし気にNo.5 TURNOUTと明記してあったのを想い出します），最小カーブはR200を大きく越え，この傾向は後続メーカーの追随するところとなりました。

TOMIXのR280／317，エンドウ金属道床のR313.6／361.4，エーダイナイン（！）のR274／312etc…，みんな世界的に見て相当の大カーブで，これは我が国実物車輛の相対的小ささ・短さ，又，我が国の住宅事情なども考える時，私には不思議に思われました。メーカーの‘逃げ’のようにさえ思われました。

欧州メーカーの約192mm半径をミニマムスタンダードとする設計思想とは，かなり際立った対比を見せていたのです。

国内で或る程度，流通普及したレールシステムで，おそらく唯一の例外が，‛TOMIX’以前のトミーNゲージ製品“ナインスケール”の直径約38cmのこの小判形線路は，当時，様々の香港製小型車輛と組み合わせて，セットとしても相当大量に販売されたものと記憶します。

この小カーブ線路は，TOMIXレールシステム完成以後もしばらく平行販売され，そのことが初期TOMIX車輛（特にスプリングウォーム方式の動力車）の急カーブ通過能力の高さの，ひとつの理由になっていると思われます。

同じメーカーで永く売って来た線路の上を後発の新製品動力車が走れないのはやはり問題で，特に大手トイメーカーはこの種の事柄には敏感・慎重なのです。カーブ通過に関しては相当のユトリを持った設計がなされたと思われます。

そして，その事は30年後に結実します。それら車輛の多くは，苦もなく新製品のミニカーブレール（R140／177）を通過するのです。（この辺に関しては，又，後程詳しく検証する事にしましょう）

ナインスケールの線路は当時のBACHMANN－Nゲージ線路各種をそのまま導入したものだった訳ですが，そのヨーロッパ流システム・カーブ設定が結果的に急カーブ走行の研究・性能向上に資するところがあったのではなかったかと思っています。

*

さて，世界に例を見ない（？）Nゲージ大カーブ主義を貫いて来た我が国で，ここに来て（本稿執筆2006年正月），仲々面白い動きが出て来たように思います。

想像もつかなかったような世界最急クラスの小カーブ線路が，それもガレージメーカーではなく，日本を代表する大手トイメーカーから相次いで発表・発売される状況は，私には驚きを通り越して，少々奇異にさえ思われます。

自社発売車輛のかなりの部分が走行出来ない，又，無理な不用意な入線が故障や破損の原因にさえなりかねないような急カーブ線路の発売には，メーカーにとって相当のリスクが付きまとうはずです。あえて渡りたくはない「危ない橋」のようにも見えます。

当然，TOMIXのミニカーブ（R140／177），スーパーミニカーブ（R103）には，明確な入線制限が注意書きされ，パッケージに描かれたレイアウトプラン図は，在来の大カーブ線との混用を，慎重に避けています。

BandaiのR100エンドレスは，小判形一廻り分が判り易くブリスターパックされ，街の量販店でも良く見かけますが，自ら鉄道トイ「Bトレインショーティー」専用であると宣言し，Nゲージ鉄道模型の線路である事さえ否定しているように見えます。

しかし，これらは極めて慎重な「建て前」であるように私には見えます。

トミーのミニカーブは，その強固なジョイント機構から見てもBトレインの座敷運転に最適ですし，バンダイのR100は多くのモデラーにNやナローの本格ミニレイアウトのイメージを喚起させます。

妙にイメージがクロスオーバーするのです。そして，それで一向に構わないと思います。TMS読者諸賢は，これら軌間9mmの極小カーブ線路に非常に大きな可能性を認め，自らの責任に於いてすでに様々の楽しみ方をして居られる事と思います。それこそがHobby of Model Railroading

であります。

　メーカーの云うなりに線路をつなげ，指定車輛をのせて，グルグル走らせるだけでは，やはり"Hobby"とは認め難い気もします。その車輛がどんなに高価・超精密なものであったとしても，それはやはりToy-Trainでしかないように思われます。

　何がオモチャで（〜私は，この語にいささかの軽蔑の意も含めませんが…），又，何が趣味としての鉄道模型であるのか，むずかしい問題ですが，ひとつだけ自信を持って言えるのは，それは値段でも，細密度でもなく，ユーザーと製品との「かかわり方」が大きな意味を持っていると云う事です。

　100円ショップのミニカーは幼児がゴロゴロ転がして遊べばオモチャですが，しかるべき縮尺のものをレイアウトに配してやれば，見事なホビー商品とも成り得ます。

　商品自体に持っている'世界'と，ユーザーの内に確固として存在する'世界観'とのかかわり方と云う事なのかも知れません。

　一般論として幼児は人生経験に乏しく，又，思考レベルも高いとは云えないので確固たる世界観を持つに至っておらず，彼にどんな高級・高価な模型を与えたとて，それは"Hobby"とは成り得ない訳です。

製品・商品側の提示する世界が彼の内で100％を占め，ただそれだけなら，それは単に「遊ばされて」いる事になります。

　自らの価値観・世界観が加わるにつれ，そしてその比率が高まる程に，「遊びこなして」いる事により'Hobby'の領域に近づくように思います。そのひとつの究極は「自作」でしょう。

　"スクラッチビルド"の作品は，100％作者の世界観の提示であり，（〜そうあって欲しい。借り物でなく…）これは私には文句なく面白いのです。

＊

　私はそんな観点も含め，新しく発売されたNゲージ規格の軌間9mm小カーブ線路群を，私なりに遊びつくしてやろうと思います。したがって，Nゲージだけのお話しになるとは限りません。当然，ナローゲージその他にも話が及びましょう。

　しかし，基幹となるNゲージ自体も，この種の小カーブ・極小カーブの発売を受けて，仲々面白くなりそうな気配があります。

　スーパーの買い物のついでに，余った小銭でブラインドBOXのオモチャをひとつ買い求め，ワクワク気分で帰宅。開けてビックリ，中から見事な凸電やマニアックな小型電車の

完成モデルが出現するのは，心臓にいささか持病を持つ私には，正直「健康のため，買い過ぎに注意しましょう」の注意書きのひとつもパッケージに入れて欲しい気がする程です。

　先ずは，それらを使ってオーソドックスにNゲージのミニレイアウトを作ってみるつもりです。

　私は40年前，生まれたての9ミリゲージ（そして，信頼して疑わなかったTMS ─ 編集部註：TMSがメーカーにも力を入れた印象が強かった）に軽い失望を感じて以来，もしかしたら，はじめてNゲージに本気になっているのかも知れません。小さな線路から，軌間9mmの世界が大きく拡がりそうな予感…これは確かにあります。

〈想定外の小カーブ線路利用法〉

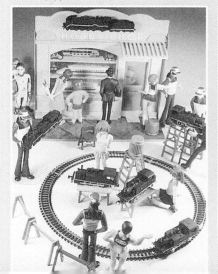

↓バンダイR100によるライブ運転会。フィギュアの多くも，同社発売のカプセルトイ（いわゆるガチャポン）よりの転用。古いトミーのCタンクはこのRを見事に廻りますが，煙の出ないのは残念！

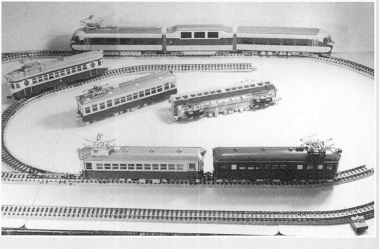

↓トミーミニカーブ（R140／177）による筆者の軽便電鉄運転風景。電車はすべてNゲージ動力ユニットに自作1／80ペーパーボディーの組み合わせ。はからずも，各社動力ユニットのカーブ通過能力テストの様相を呈しています。後方は筆者オリジナルの"Vista-Mini（？）"。

バンダイR100とトミー

レイアウト雑感──軌間9mm小カーブで遊ぶ

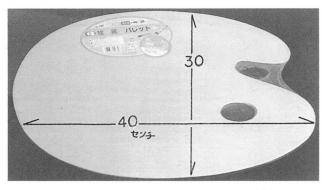

←「百均」で購入した、絵画用の木製パレット。

バンダイ「Bトレインショーティー」用のR100線路は、おそらく量産製品として世界最小と思われる半径10cmの超急カーブの特異性以外、あらゆる点でNゲージ線路の規格規準に合致しており、各社の在来型ポイント・クロス等と組み合わせて、Nゲージミニレイアウトのイメージを拡げてくれます。

そして、従来のKATOのBトレイン対応小型動力ユニット群に加え、トミー「鉄道コレクション」の小型電車・機関車、その専用動力ユニットが、その小さな世界を更にいろどり豊かなものにしてくれるはずです。

ブリスターパッケージを開け、エンドレスに組むと、長径324mm、短径200mmの小判形になりました。見事にコンパクトです。

ただし、ジョイナーは強固とは云い難く、運転のたび着脱をくり返すと、抜け落ちて紛失してしまうかも知れません。

やはり、なんらかのパネル・ボードに固定するのが基本で、そして、それが少しも邪魔にならないのが、このミニ線路の良いところです。

私は近所の百均(ダイソー)─100円ショップで、木製のパレット(絵を描く時に使うアレです。荷役用の木枠でなく…)を見つけて来ました。

何サイズかあり、一番大きいのがまさにピッタリサイズ。ただし、それのみ150円(税込157円)とシールが貼ってあったのは残念に思いました。実測最大寸法40×30cmの楕円です。

写真はストレートレール一本をKATOのポイント(No.2553R)に置き換え、外方に引込線を出したところ。ポイントの直線側の長さ124mmは、セット中のストレートレール1本と正確に一致対応しており、まるで、あつらえたように見事に良好なバランスで、パレット上に収まっているのがお解りと思います。両面テープで仮固定して、このまま楽しく遊べます。

↑パレット上に置いてみたバンダイR100エンドレス＋引込線と小型電車たち。

全体に芝マットなどを敷き、切れ込みを跨ぐところに小さなガーダー橋を架け、適当に完成ストラクチャーを置いてやれば、それで立派にレイアウトのスタートラインです。

小穴(親指を入れるところ)は、壁にかけて収納する時便利ですし、同じく百均で売っているクリアーブルーの透明下敷を裏から当てて、池や沼にしても楽しめます。

このパレットは厚さの割に強固な合板製で、ちょっと航空ベニヤの如き硬質の質感があり、これ一枚で充分しっかりしたベースボードとなり得ます。

購入時に、製品自体の「反り」に注意しさえすれば、相当いろんなも

「鉄コレ」で遊ぶ

のを貼ったり，立てたり，打ちつけたりしても平気です。厚さ3mmですから，HO電車の床板にも使えそうです。

なお，写真に写っている電車は，2輌連結の方がトミー「鉄コレ」の鶴見臨港と日鉄自のペア（'つるりん'の方に15m動力ユニット組込），グロベンの載った超小型ボギー車がKATOのBトレ用動力ユニットに自作ボディー，Zパンタのモダンな高床単車はKATOポケットラインの動力に，Gマックスキットの余りものジャンクの寄せ集めツギハギボディーで，何れもこの上を快走します。

走行音・走行感に各々個性があり，中でも「鉄コレ」用動力ユニットはその安定感・微妙なスロー性能等で，一頭抜きん出ているのは認めない訳にはいかず，ギリギリのスペースに苦心の設計で装着されたフライホイールの効果は充分認められます。（動力ユニットはすべて2005年度購入品にてテスト）

「鉄道コレクション」は，この種の量産製品としてちょっと想像を絶するマニアックな車種選択，適度なデフォルメと省略に依る一本筋の通った模型化設計，「印刷」ではない美しい「塗装」感などで，近年のNゲージ製品の持つ一種無機質の冷たさを感じさせない好製品で，私には大いに期待が持てます。（"レプリカ"でなく"模型"になっているように思う）

何気なく求めた一輌が，他ゲージのベテランモデラーをNに"改宗"させる力があるかも知れません。（少なくとも"一神教"から"多神教"へ…？）

*

さて，私はこのベースボード形状から，何となく海に浮かぶ「島」を連想します。

近所の海水浴場の沖合にポツンと緑の小島が浮かんでいるのですが，そんな島に周回道路ならぬ，周回ミ

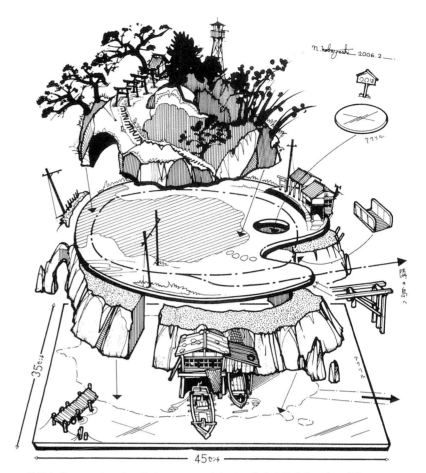

ニ電鉄を敷いてみたいと云う私のプライベートな夢を，このレイアウトは手軽に叶えてくれそうに思います。

ベースボードは，コルク塊を輪切りにした崖で数cm海面よりカサ上げ，島の中央部エンドレス内側は発泡材で緑の山塊とします。素掘りのトンネルなども野趣にあふれ素敵です。

何れにしても，最大の車輌を走らせながら，たえず車輌限界・建築限界を確認しつつ，地形・ストラクチャー等の工作を進めるのが肝要です。

全体を海面に見立てたブルーのアクリル板に載せれば，一気にムードが盛り上がります。

断崖に打ち寄せる白波，波打ち際に身を寄せ合う舟屋，木造の桟橋，山頂には謎と伝説に包まれた古い社も見えます。結構，見せ場，工作を楽しめる余地は多そうです。そして最大の謎・ミステリーは，この鉄道の存在理由なのかも知れません…。

私の夢は更に拡がります。そんな"周回鉄道"を持った島々を持ち寄って連絡橋で接続，相互乗り入れなどしたら，大変楽しめそうで，まるで盆景・盤景の展示品評会のようになるかも知れません。

それぞれ完全に独立・自立し，独自の価値観を持つ世界ですから，島々は適度の距離感を持って配置されます。

それらを結び付け，一体化を可能にする唯一の共通の価値観は「軌間9mm」です…。そんな運転会もアリかな？と思います。デジタルが採り入れられれば，相当高度な運転も楽しめましょう。

（美術館・画廊で，額縁どうしを

それぞれ独立した
別個の情景
＝盆景レイアウトの可能性

ピッタリ密着させて展示する事はありません。スペースの許すかぎり充分な間隔・ゆとりを持って配置するのが普通です。各々の世界がぶつかり合い，観賞の邪魔をするといけないからです）

*

バンダイのR100線路に思う事は，やはり専用のR100ポイントが欲しいと云う事です。本線エンドレスから接線方向に無理なく分岐出来ますし，エンドレス内側に引込線を引き入れるにしても，このくらい急角度でないと，充分な有効長がとれないのです。

在来タイプの緩い分岐で作った余りに短い引込線は実際の運転では殆ど利用価値がなく，結局，高価なポイントを無駄使いして，本線上に無用の段差・無電区間を作ってしまうだけになりかねません。

R100ポイントは，他に例のない急角度分岐で，極小スペースの有効利用に大いに役立つはずです。ナローファンにも喜ばれましょう。

*

さて，ここで一度原点に戻って，このようなシンプルな極小エンドレスレイアウトの大まかな立体構成を考えるに，私は下図の3パターンに分類出来るように思います。

a：エンドレスで囲まれた内側を，シーナリィ・ストラクチャーで高く盛り上げ，ぐるぐる廻る列車を一時的に遮り，視覚上の変化を得るもの。先に述べた「孤島の周回鉄道」は典型的な例です。

b：フラットな地形であくまでシンプルに。ストラクチャー好きの人には多分これが一番です。

コレクションや自作のストラクチャー・アクセサリーを随時取付固定していって，街並みがだんだん密度高く，完成していくのを見るのは楽しいはずです，何しろスペースが極小なので，あまり地形の凸凹に凝ると何も建たなくなってしまいます。

トロリーレイアウトは，多くの場合このタイプになりましょう。

はじめに区画整理・道路整備だけしっかりしておき，あとは出たとこ勝負。ブラインドBOXのアタリ・ハズレで街並みが思いもかけぬ方向に展開していく…，そんなレイアウトも別段否定されるべきではないでしょう。

現寸モックアップまで作って緻密に立体計画を立てたはずのレイアウトも，作り進むにつれ，様々の不備に気付き，計画変更を迫られるのは，一度でも作った方なら必ず経験される事です。

c：私が今回実際に製作したタイプ。エンドレスの過半を高架状に持ち上

〈バンダイR100ポイント私案〉

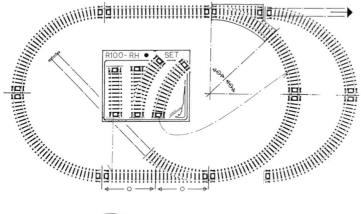

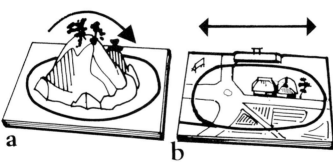

a　　b　　c

げ、内側aとは逆にスリバチ状に凹ませようと云うものです。

　エンドレスは外周部に位置する訳ですから、これを築堤や防音壁の付いたコンクリ橋等で囲ってしまうと、上からのぞき込まぬ限り、通常の運転目線からは内部は見えない事になり、面白くありません。

　余部鉄橋の如き、又、ティンバートレッスルの如きオープンな建造物で囲ってやれば、それ自体魅力的なストラクチャーとなり、又、その橋脚越しにのぞく内部の風景も魅力的に見えるかも知れません。

　更に、グルグル廻る列車を多角度からじっくり観察し、足廻りやカプラーの動きをチェックし、急カーブ走行のデータを蓄積するには、最適と思われます。

　実際、完成したレイアウトは、この最後の目的を良く果たしており、車端オーバーハング部を大きくはみ出し、超スローで急カーブをググーッと廻ってくる電車は、サイズを超越した迫力があって、見飽きる事がありません。

　このようなシンプルなミニレイアウトでは、走行車輌の動力装置の微妙・絶妙のスピードコントロール、スムースな発進停止、連続スローの安定性、更には走行音等、運転性能に対するデリケートな要求が満されぬ限り、運転は"トイトレイン"の単なるグルグル廻りの味気ないものになってしまいますが、「鉄コレ」動力ユニットは、以上の欲求を相当のレベルでクリアーしているように思われます。

　私のレイアウトの実製作のあらましを、写真に撮っておきました。

▶写真1

　ベースはこのエンドレスの定石、B4サイズですが、私のは市販パネルでもコルクボードでもなく、古い額縁のリサイクル。裏返して、フラットな面を上にして裏板をしっかり接着固定。

　そのどまん中に旧作（1980年代）の、漁港船揚場ジオラマを適度の角度を付けて固着。廻りにクリアーブルーの塩ビの下敷きを敷き詰め、海面としました。

　灯台は例によって百均アイテム。今回のはニュータイプの新製品（？）で、全高15cmのポリウレタン製。実寸にして高さ20m強ありますから、いっぱしの灯台で、基部にちゃんと灯台守りの小屋が一体に付いています。渋い塗装でちゃんと"古色付け"してあり、これは全くそのまま使えそうです。

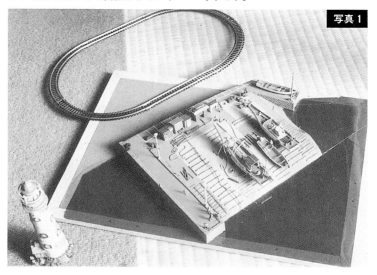

写真1

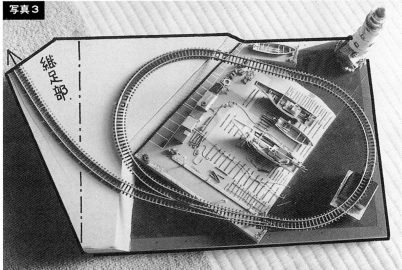

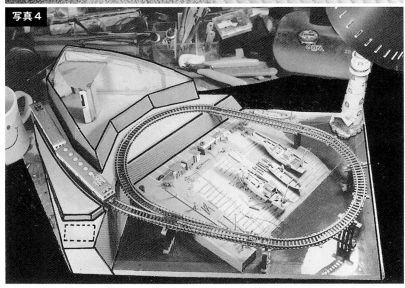

肝心の"船揚場"に関しては,すでに1/80にサイズアップしたものを詳細発表済ですので,そちらを参照願います。

又,Nでこの情景に必要なアイテムの数多くが,GマックスよりキットS化され発売になっている事は御承知の通り。

▶写真2

私は,どうしてもエンドレスより外方に伸びる連絡線路を1本引き出したく,しかし,現状ではストレート部から逆カーブ(Sカーブ)状にポイントを使わねばならないのが,ちょっと面白くなかったのです。

どの方向へも,又,どの方角からも流れる如くにスムースに列車を走らせたく,少々ぜいたくかとも思いつつ,いただき物のPECOカーブポイント(SL-386)を組み込む事に決めました。

このポイントはストレート1本の長さ124mmより幾分長く,そのまま組み込むのは単に物理的問題だけでなく,図学的に見ても無理があります。

先ず基本エンドレスの各ジョイナーをしっかりハンダ結合,小判形が型くずれしないようにしてから,カーブポイントをあてがい,現物合わせで糸ノコ切断。つまり,カーブに少しかかるようにカットしてしまう訳です。(写真で意味する処,すぐ御理解いただけると思います)

ここにカーブポイントをピッタリはめ込み,置き換える如くにジョイント結合。ハンダ付けして,分岐側(外方)にも同じくPECOのフレキシブル線路をハンダ付けしておきました。各レール断面寸法に大差は認められず,大きな修正は必要ないはずです。

▶写真3

結果は,このように見事な緩和曲線が構成される事となり,反対側の単純にR100とストレートを結合した部分との走行状態・カプラーの機能チェック等々,興味深い差異を観

→陸側から見たレイアウト。海面から線路までは50mmで、角材製のシンプルな木橋で保持。

〈完成したレイアウト〉

←仕上げには、熱帯魚水槽用の人工水草なども利用している。

察する事が出来るようになりました。

外方への連絡線はベースの継足部（最大幅9cm）に放物線状にゆるやかに配し、これはレイアウト全体をせこましく小さな世界に閉じ込める事なく、外の世界、更なる未来への発展・拡がりを希求する、私の想いの表現でもあります。（別に、そんなに大げさに云わなくても…）

▶写真4

基本的なレイアウトの立体構成の骨組みの完成したところ。ほとんど角材の上に厚手イラストボードを貼って作ってあります。

海面から線路までの高さは全線にわたり、5cmを確保。角材製の最小限のシンプルな木橋で保持しました。これは、下をくぐる船のマストの高さ等ともかかわって来る問題です。

連絡線の部分に不定形のホームを作りました。停っている電車は15m級の"鶴臨"と17m国電の凸凹編成。前車がM車です。これが当レイアウト最大の列車であり、ホームにピッタリ停車出来ます。そして、この列車は極めてスムースに、このミニレイアウトを走行します。

我々は、もしかしたらNゲージ車輌のカーブ通過能力について長い間、何か誤解して来たのかもしれません。

ホーム手前、破線で示す部分には小さな洋館駅舎が建設されるはずで、これはコトデンの複数のプロトタイプをミックスしたものになるはずです。

本稿は別段、「Nゲージレイアウトの作り方」を詳述するのが主旨ではないので、これ以上は完成写真で御覧いただく事にします。

テストレイアウトとしての性格上、全周・全視界タイプなので、多方面、いろいろなアングルから、楽しく撮影出来ました。

ひとつだけ最後に、本レイアウトの仕上げには、熱帯魚水槽用の人工水草などが、かなり広範囲に使われている事を付記しておきます。

奥行30cmに作るNゲージ本格

レイアウト雑感 ── 軌間9mm小カーブで遊ぶ

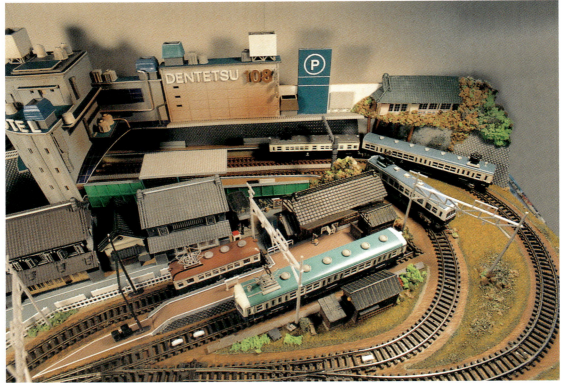

↑ローカル終端駅越しに都会ターミナルを望む。

〈30×60cmの郊外電鉄レイアウト〉

←ローカル終端駅風景。

→昔のＧマックスのカタログにフロクとして付いていた上信電鉄ペーパーキットの組立品。

郊外電車レイアウトの試み

何を以て"本格"とするか，議論のあるところですが，とり合えずは極端なデフォルメトレインではない，スケール寸法に準拠したいっぱしの電車がスムースに編成運転出来，しかも，一定のルールをもって，始発〜終着まで理に適った運行・運転操作の楽しめるレイアウト，と云った程度に御理解頂ければと思います。

つまり，実在感のある車輌で，実在感のある運転を楽しみたい訳です。もとより，レイアウトのサイズ・スペースは，"本格"か否かに一切かかわりありません。

風景のディテール，ストラクチャーの細かさも，関係ないでしょう。それらはレイアウトに於いて，最も自由な個性の発揮されるべき場所でもあり，「表現」という芸術活動の根幹にかかわる問題でもあります。

奥行30cmというのは一般に建材の最小基本単位で，今も尺貫法の名残りで，30の倍数，60・90・180cmと云うのは，市販板材・角材・ボード類の基準寸法です。

ホームセンター・DIYショップはじめ，100円ショップでも見掛ける30×30・30×60・30×90cm等の板材・ボードを基に，レイアウトベースから自製し，木工のまねごとも楽しもうという訳です。

奥行30cmですから，本線エンドレスはR100〜R125程度。つまり，バンダイBトレ用のR100や，トミースーパーミニカーブのR103が視野に入ります。

私の作例は前者をベースに，適宜PECOポイント・フレキシブル線路を混じえてありますが，トミー製品の場合もR140の急角度分岐をはじめ，多種多様のポイントがありますから同様の事は出来るはずです。

さて，ボードの最小単位，30×30cmの正方形ベース，これは円形線路一廻りを置いて，多分それでおしまいですから一応除外。

30×60cmは今回私が実際に製作したものを後程，詳述します。

30×90cmはタテヨコ比1：3で，相当細長いスペースですが，これは仲々面白く利用出来そうです。

上の"ドッグボーン"タイプは，中央セクションをまるで複線区間の如くみせる事が出来，エンドレス＝小判形の概念を打破します。

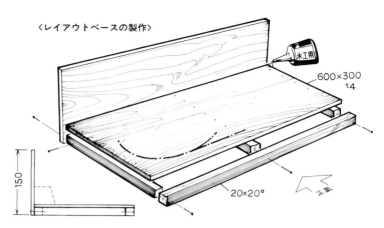

〈レイアウトベースの製作〉

両端セクションは，超急カーブ走行の視覚的不自然さを感じさせないよう，一方はトンネル・切通しで隠し，他方を市街地の併用軌道区間としてみました。

併用区間なら，高床の大型車がオーバーハング部を突き出して，軒先スレスレに廻って来るのは，逆に「味」になり得ます。

中央駅は，複線対向（相対）ホームの極めて自然な設定で，駅前広場も含め，ジオラマ感覚でリアルな工作が楽しめましょう。

全体として，シンプルなエンドレスとは思えぬ，変化に富んだ視覚・運転感覚を楽しめるはずです。唯一，必ず出来る急なSカーブのみは要注意で，出来ればフレキ使用で緩和曲線にもっていきたいものです。

最下段の図は，横長のスペースを生かして，レイアウト全体を連続運転に徹するエンドレス部と，視覚的

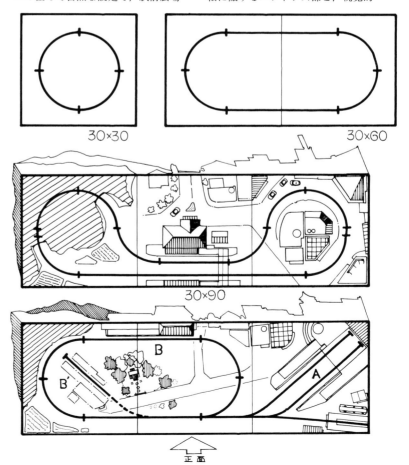

〈レイアウトプラン〉　　（ベース寸法：30×60cm）

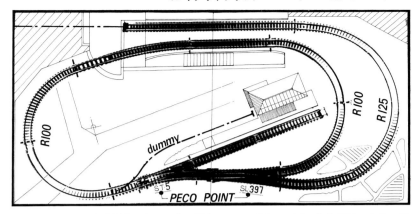

リアルさを重視するターミナル駅セクションに左右2分してみたものです。

右側のターミナル駅は，完全にジオラマ感覚のデザイン・工作を楽しめます。

この「A」駅のような行き止まり式のターミナルは規模の大小を問わず，如何にも私鉄電車駅らしい風情があり，「電鉄デパート」やホテルを併設したターミナルビルの構想は，いつも私のレイアウトプランの主要なモチーフとなっています。本シリーズでも，多分，再度本格的に採り上げる事になろうかと思います。

さて，このようなプランでは，エンドレス上に必ずもう一ヵ所，駅（ホーム）を置かないと，ターミナルを出発した電車は，永久に戻って来れなくなる事は以前にも書きました。

「B」は背景・ローレリーフと一体化して，エンドレス上に控え目にホームを作る例。エンドレスを何周かした電車はここに停車，スイッチバックしてターミナルに戻って来ます。

「B'」はエンドレス内側に引込線を設け，ローカル終端駅を作る例。これなら，都会のターミナル（A）を出発した電車はエンドレスに出て山を抜け，田畑を横切り，中間小駅を通過してポイントを切換え，田園の小ターミナル（B'）に終着する，と云った完全な郊外電車の運転をシミュレート出来るはずです。

私が冒頭，あえて「本格」などと云う言葉を使ったのも，この辺の事柄にもう少し光を当てたかったからに他なりません。

我々の鉄道模型レイアウトと，プラモデルのジオラマの本質的相異を再確認しておきたかった事もあります。

ジオラマは，ある情景・ある一瞬を切り取り，小さな立体空間に封入・再構成したもので，写実主義の具象絵画である事が「本格」の主要条件となります。平たくいえば，リアルに細かく作ってある方が高い評価が得られる訳です。

それに対して我々のレイアウトは，時間の流れに対してアクション（つまり列車の運行）がまず，前提条件として存在し，しかもそのアクションは，およそ現実離れした小さな空間の中で完結して行なわれなければならぬ，と云う大きな困難にいつも直面します。

単にリアルな風景，スケール通りの細密ストラクチャー，と云った事だけでは済まない訳です。

価値基準・評価基準ははるかに多様で複雑なものになり，柔軟な発想・センスが求められます。そして，そのギリギリの兼ね合い・せめぎ合いの中に，作者の個性・創意・生き様さえ見えてくる訳で，私にとって「小型レイアウト」が面白いのはまさにその点にあります。

といっても，ポイントから何から全部自作するのは，やはり大変です。このレイアウトを本線R100クラスで実現するには，やはり専用のR100ポイントが欲しくなります。（14頁参照）

しかし，「奥行30cm」の条件枠をあえて取り払うなら，トミー・ミニカーブのR140とその専用ポイントで，殆ど図と同様のプランが実現出来るはずで，その場合でも，奥行は35〜40cm，幅は1mもあれば充分かと思います。それでも，充分コンパクトです。

＊

さて私は，この最後のレイアウトの諸要素をすべて備えて，尚かつ，

一廻り小型の30×60cmスペースに，現状入手可能（本稿執筆，又，レイアウト製作2006年2〜3月）の線路のみを用い，しかも，トレーラーとしてなら20m級車輌まで入線・運行可能の郊外電車レイアウトを作ってみる事にしました。

制約・要求条件は，きびしい方が私には面白いし，やりがいがあります。

極小スペースで，ジオラマでない，本当のレイアウトデザインの訓練を重ねておけば，より大きなスペースを与えられた時にも，散漫なプランにならず，引き締まった面白いものが作れるかもしれません。

車輌にしても，このレイアウトでスムースに運用出来るなら，まず，何処へ持って行って走らせても，恥をかく事はありますまい。

以下，その製作のあらましを御覧いただきますが，私はこのミニレイアウトに大いに満足しており，毎日卓上（より正直にありのままを記すなら，コタツの天板の上）で楽しく運転しています。

プラン

近所のホームセンターで，30×60cmの4mm厚ベニヤ合板は168円でした。百均で30cm角の正方形パネルを2枚買って継ぐより安上がりです。

あり合わせの角材で枠を組み，バックボード（t3ベニヤ板）を立ててベースを作るありさまは，すでにイラストで示してあります。

線路は，本線エンドレスのR100部分がバンダイBトレ用，向う正面のターミナルへ至るR125はPECOのフレキシブル，図には更に外部へ伸びる連絡線を鎖線で示してありますが，私の作例にはありません。行き止まりです。

ポイントはPECOのセットトラック用小型の右（ST-5），Yポイント（SL-397）各1個使用です。

運転席を手前正面に固定し，背面・バックボード（背景板）に接する部分は，全体に一段高く台地状にし，ここにローレリーフ状に始発ターミナル駅と都会風景を表現します。

ターミナルは，一部台地を掘り込んだ半地下状にして，ギリギリのスペースを最大限有効利用している訳です。

もし，外部への接続線を出したいなら，地下線で台地をそのまま掘り進める事になります。（その場合，電車には不燃化A-A規準が適用される事になりましょう。又，正面非貫通の車は運行停止となります）

手前の平地は引込線上にローカル終端駅，そしてそれに連なる古い街並みです。ただし，両者の距離は余りに接しており，全体としてはひとつの都市とも見えます。蔵の建ち並ぶ旧市街越しに，新市街のビル群を眺めている感じです。（川越を想いだします…）

運転上の欲求を満たしつつ，全体として自然な視覚・風景を獲得するための苦肉の方策・デザインです。

その運転は，ターミナルを出発した電車が外周のR125をゆるやかに（！）廻り，本線エンドレスに入って任意に周回。ターミナル駅のスルー側ホームに停車して逆行，更に周回を重ねて，ポイントを切換え，ローカル終端駅に終着するのが基本です。

ただし，この運用では列車はローカル駅の短いホームに制約され，12m×2連，15m単行（ともに鉄コレ動力の車が快走）程度が限界となります。

ターミナルのホームは15m（M）+20m（T）まで停車可能ですから，これを本線専用列車とし，別にローカル駅に単行の支線電車を常駐させ，取っかえ引っかえ本線エンドレスに引き出して運転するのも大変楽しいものです。

そのありさまは，レイアウト完成写真に写っているはずです。

20m車の運行は，台車マウントのアーノルトカプラーを前提として，T車としては全く問題なく，（台車の廻転ストッパーピンは切り取っておく事）M車としては以下の制約を受けます。

写真にも写っている"一畑"タイプの西武形両運車，これが現状一番カーブに強い20m級M車で，古いGマックスキット（西武451系）の切継ぎボディーに，これ又，昔のトミックス"レッドアロー"のスプリングウォーム式動力ユニットを組み合わせたものです。

単行でターミナルを出発，R125を台車をきしませつつ通過。本線エンドレスに入って，R100を快走…とは行かず，カーブ入口・旧街道の踏切のところで急停車，ここでスイッチバックして，ローカル終端駅にソロソロ入ります。これがせいいっぱいです。

尚，本車はトミーミニカーブR140及びそのポイントは極めてスムースに走行出来，その辺がやはり実用限界かな，と思っています。20m車として，それで充分でしょう。

その他，写っている小型電車群は，一部はすでにこのシリーズ1及び2で触れてあります。当然本レイアウトの走行に，何の制約もありません。

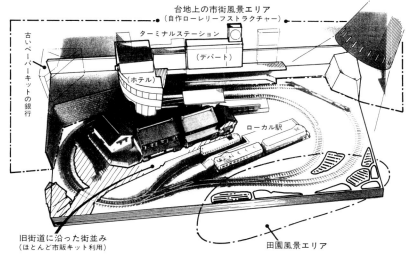

製作の実際

製作中のレイアウトをイチから連続写真記録に収めました。

と云ってしまえば平凡ですが，レイアウト真上から平面プランを撮り続けて見たのです。超小型レイアウトならでは出来る事です。どんな「作り方」より雄弁に，レイアウトの完成に至るさまが御理解いただけるでしょう。

▶写真①

完成した台枠に線路敷設完了。バラストは撒いておらず，ベースのベニヤをサビ色に塗ってあるだけ。ベニヤベースの場合，その方が走行音ははるかに静かです。

▶写真②

フリーハンドのモックアップ検討をくり返し，基本的な立体構成プランのまとまったところ。角材ムクのホームにイラストボードの道路。空

↓ローカル終端駅のホームに12m＋20mの2連を入れてみました。本線にはみ出しており無理があります。但し，この編成は台車マウントカプラーの威力で全線快走します。（12m車がM車）

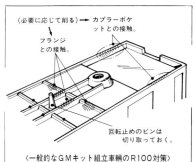

〈一般的なGMキット組立車輌のR100対策〉

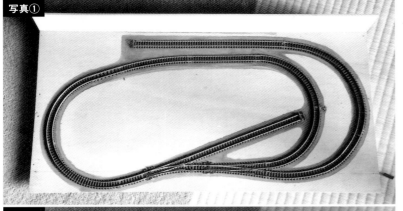
写真①

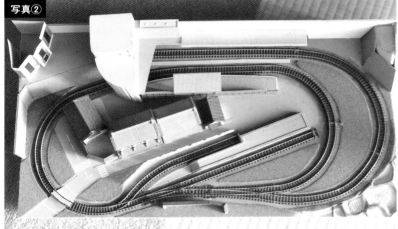
写真②

写真③

写真④

地はとりあえず芝マットで埋めて，ベニヤ面の露出を隠してあります。

この辺の作業手順は，以前HOレイアウトでも詳しく述べてあります。

旧街道に沿った街並みは，おなじみGマックスキット群の総動員。（かなり改造あり）未だ仮に置いてあるだけで，完成に近づくに従って，少しずつ位置が移動しているのが，改めて自分で見ても面白く感じられます。

運転席からの見通し，ベストアングルを求めて，これでもイロイロ考え，結構苦労しているのです。

左上隅，台地上に製作途上の古めかしいレンガの駅前銀行支店が見えます。古いGマックスのペーパーキットで，他の写真に写っている（かも知れない）上信電鉄の両運車ともども，こんな楽しいフロクがカタログやパッケージ裏に印刷されていた時代を，懐かしく想い出していただける方も居られましょう。

右下隅の段々畑も昔のGマックスのバキューム製品。

▶写真③

この段階でストラクチャーはすべて固定され，架線柱の建柱なども進んでいます。

いうまでもなく，最大の注意点は車輌限界と建築限界の兼ね合い。まさにギリギリのせめぎ合いとなります。最大の車輌（この場合，20mのトレーラー）をゴロゴロ転がして実地にチェックするほかありません。カーブにかかるホームなどは特に要チェック！

ローカル終端駅の側線ポイントは現状ダミーですが，これももしR100のポイントが発売されれば，そのまま置き換え可能の寸法設定にしてあります。

増結用の小型車などを留置して，実際の運用に効果を発揮してくれるはずです。

昼下がりの，こんな側線に，ラッシュ時専用の増結車がポツンと留置してあるのは，昔，コトデンなどでよく見ました。

▶写真④

一応の完成状態。（2006年3月現在）ターミナルの始発線を今まさに発車してR125に差し掛かるのは，15m＋20m2連の本線急行車。15mは鉄コレの「つるりん」，20mはGマックスキットの西武451。モデル

↑古いGマックスのペーパーキットを使った"銀行支店"の製作途中風景(左上)とその組込状況。

としてのMは当然前者で全線快走。当レイアウトの代表的列車です。

　ローカル駅に停車中の"一畑"タイプ両運車が，限定運用車であるのは既に述べた通り。

　背景ローレリーフ建物群の効果にも御注目いただきたいと思います。このビル群は，明らかに「駅裏」から見ています。この街の本当の中心繁華街は，実際は作られていないレイアウト背後のはずです。

　増改築を重ね，乱雑にパイピングの這った壁面に，このターミナルの歴史，都会のペーソスを感じていただけるなら，私の意図は大成功です。

　今回，私はあえて鉄道の顔，ターミナルステーションを，ウラ側から描いてみたかったのです。

　私はこのあと更にもう一枚，背景板（画）を重ね，発展著しい繁華な新市街のビルのスカイライン，その向こうの何千年変わらぬはるかな山並みを描き加えて，このささやかなレイアウトを完結させたいと考えています。

↑"限界測定車"入線！ 右下にダミーポイントが見えます。

＊

　車輛だけ何百輛コレクションしていても，年に1回，運転会の大エンドレスをぐるぐる廻っているだけでは，○○電鉄・○○鉄道社長を名乗るのは少々おこがましいかもしれません。（失礼！暴言多謝）

　どんなに小さくとも，バーチャル（絵空事）でなく，自らのプログラムに従って本当に運用・運行の出来るレイアウトを持ち，実感としての走らせる楽しみ，そして，それと表裏をなす創造の苦しみ・困難を経験して，はじめて貴方は"電鉄経営者"たり得ます。

　それが，'車輛模型趣味'でもなく，'ジオラマ・箱庭趣味'とも又ちがう，真の"鉄道模型趣味"のひとつのあり方ではなかろうかと思うのです。

　タイトルの"本格"には，そんな思いも込められているのです。

↑↓（上）ローレリーフの効果。このうしろに，更に背景画の制作を予定。（下）忘れてならないビルうらのディテール。うねったダクト，無雑作な配管，屋上にはクーリングタワーetc。（2006年・姫路市内）

奥行30cmレイアウト

レイアウト雑感――軌間9mm小カーブで遊ぶ

18頁〜23頁で製作した30×60cmの郊外電鉄レイアウトは楽しく運転を続けておりますが、そろそろ「収納」も考えて（これは飽きてきた証拠…）、本格的な背景板を立てたく、又、走行・運転の妨げにならない程度の若干のディテールアップも実施のはこびとなりました。

今回、それらを併せ、御紹介したいと思います。

"奥行30cm"へのこだわり

今回のレイアウトの個人的テーマのひとつは、この奥行きにどれほどの「拡がり」を演出できるか、という事でした。

先稿にも触れた如く、30cm（≒一尺、1フィート）は、我々の住空間、内装・インテリアのひとつの最小モジュールのようなもので、ちょっとした壁面のくぼみ、収納や出窓なども、仲々有効なレイアウトの収納設置場所になり得ます。

本箱・サイドボード・オーディオラックなどにも、このクラスのレイアウトの簡易な収納に適するものがあるようです。

一番安価で、ちょっと意外に面白く使えそうなのが、どこにでも売っている"カラーボックス"のたぐいで、大体、奥行30cm（我が家で実用中のものを実測したら、板厚を差し引いて実質29cm）ありますから、収納・ダストカバー兼、背景板（？）として大いに有効利用出来ます。

三方に背景画を描き、天板を空に見立てて照明を組み込み、時間や季節の変化・経過を表現出来たら素敵だと思います。

つまり、照明の強弱・色・照射角度を自在にコントロールして、その中で列車を走らせたいのです。

本格的レイアウトルームを持たずとも、このような1面のみに開口のある半密閉BOXにレイアウトを封入する事に依り、外光の影響を受ける事なく、そんな光のマジックも可能になるかも知れません。

本格的な大容量照明やそれに伴う屋内配線も不要で、"電池と豆球"に毛の生えた程度でそこそこ楽しめるように思います。

前面開口部にカーテンを引く事にしておけば防じん対策も万全で、運転開始はまさにその「幕開け」でスタートする訳です。見事な運転・照明には背後からカーテンコールがかかるかも知れません。

本来「空」たるべき天井板は、それら照明装置のスペースに充てる事とし、三方の背景画はこれ又、大変重要になってきます。

この暗箱の中に顔を突っ込んだ瞬間、そこに無限の空間の拡がりを感じられなければなりません。30cmの奥行きを、3kmにも30kmにも見せたいのです。

背景画は、BOXの壁面（化粧ボード）に直接描き込んでも良いが、それはもしかしたら、システィナ礼拝堂に於ける「ミケランジェロの苦悩」の再現になるかも知れません。

現地・現場のしっくい壁に、"フレスコ画法"で直接ぶっつけ本番、描き込むしか方法のなかったルネサ

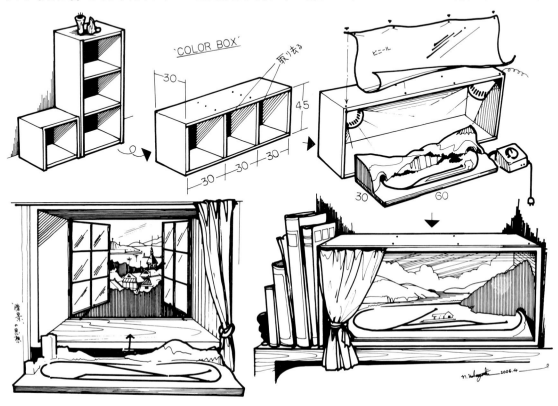

の背景処理

ンスの画家達は，大広間の巨大な垂直の壁面や教会堂の円天井に高い足場を組み，不自然な姿勢で長時間の制作を強いられたのです。（それで，あれだけ描けるのだから，大したものと思います）

日本の寺社の格天井（こうてんじょう）の絵は，大体，絵師が別の場所で板に描いて，それを後からはめ込んだものですし，壁面を飾る絵も，大半が「障壁画」（ふすまやびょうぶ絵）ですから，これも当然，絵師・表具師が工房で分業制作して持ち込んだものです。

何だか意外にも，日本の方が合理的・効率的だったようにも見え不思議な気もしますが，これは建築の基本的な工法・材料，又，絵画の技法・画材などの差も大きく影響している訳です。

我々の背景画も，余程大きなものでない限り，普通に机の上でケント紙や画用紙に描いて貼り込んでやるのが，無難な方法と思います。

さて，私のレイアウトの背景処理は，ローレリーフ建物のところまでは既に御覧いただきました。そこから先の事を記してみたいと思います。

背景板のサイズ決定

19頁右上の，レイアウト台枠の組立図中に描き込んであった背景板。あれは，あくまでローレリーフ建物の強固な固定・垂直維持の為のもので，背景画制作用としては当然，中途半端で低すぎます。

デザイン当初，先の見通しがつかなかったので，とりあえず，あり合わせの板を立てておいただけなのです。図には15cmとなっていますが，実際，10cmもありません。

本格的背景板の高さは，当然高ければ高い程良いはずです。背後の余計なものからレイアウトを隔離し，異空間を作り出し，見る者のイメージ形成を助けてくれるはずです。しかし，それにも限界があります。収納の事も考えねばなりません。

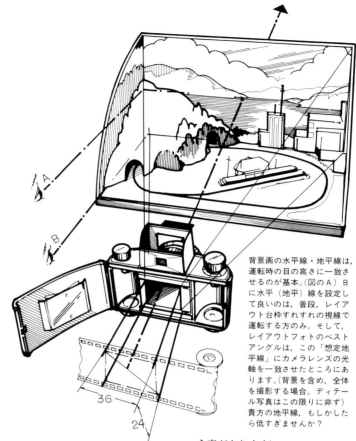

背景画の水平線・地平線は，運転時の目の高さに一致させるのが基本。（図のA）Bに水平（地平）線を設定して良いのは，普段，レイアウト台枠すれすれの視線で運転する方のみ。そして，レイアウトフォトのベストアングルは，この「想定地平線」にカメラレンズの光軸を一致させたところにあります。（背景を含め，全体を撮影する場合。ディテール写真はこの限りに非ず）貴方の地平線，もしかしたら低すぎませんか？

私はひとつの目安として，35mmフィルム・フルサイズの画面寸法（24×36mm）に着目します。つまりタテヨコ比2：3という事です。60cm幅のレイアウトなら，高さ40cmの背景板となります。

これがレイアウトフォトの撮影を念頭に置いたものである事はいうまでもありません。つまり，レイアウトの横幅がいっぱいに写り込むようアングル設定し，カメラを構えても，背景の空が切れないという事です。

実際は，広角系レンズ装着時など，必ずしもそううまくは行かないのですが，ひとつの目安，又は理想と御理解いただいて良いかと思います。（広角レンズでは，レイアウト前端から背景までの距離・遠近が強調され，つまり背景板が小さく写るので，どうしてもその背後まで写ってしまう事があります）

先程のカラーボックスの場合も，丁度この理想に近い程度の背景高さが得られる事がお解りと思います。

しかし，実際やってみて，この背景板はレイアウト本体に比し相当巨大です。せっかくのレイアウトのコンパクトさが，いささか損なわれるようにも思われます。

ひるがえって，収納の便を最優先に考えるなら，背景板はレイアウト中の最高点（ビル・山頂・樹木etc）ないし，それをほんの少し越えた高さに設定するのが最も理に叶っており，私の場合，それは約20cmでした。

つまり，この20〜40cmの間が，先ずは背景板の適正高さという事になります。

それ以下では「レイアウトの保護」という最低限の目的も達し得ず，そ

背景「画」にこだわらず，それらもろもろの技術・素材を自由に駆使し，適材適所組み合わせて，背景を構成出来ないものかと考えます。

私はレイアウトの収納を最優先に考え，20cm幅の化粧ベニヤを三方に立てる事にしました。（つまり‘最小’サイズの背景板）

乳白色の化粧面を明るい曇り空に見立て，その上に背景の各要素を貼り重ねて行きます。

「三方」といっても，両サイドは完全に囲い込んである訳でなく，右側は田園の拡がりを自由にイメージ出来るよう大きく切り取り，左側はビルの屋根がだんだん低くなって，古い街並みに溶け合う如く，スロープ状に低くなっています。

つまり，図の①面が20×60cm，②面が20×30cmの20cmが手前で約7cmまで低くなっている訳です。

背景制作の実際

さて‘背景画制作’と云って，別段，改めて高級な水彩絵具や筆一式を買い求めたり，図書館で「油絵入門」を借りてくる必要も無いでしょう。

我々は立体工作には充分の経験と自信があり，又，鉄道ファンとして写真に精通する方も多いと思われます。

れ以上は無駄です。

〈背景画と遠近法〉

小 林 信 夫

同じ奥行30cmでも，ジオラマとレイアウト，又，模型縮尺（スケール）に依っても‘背景’の考え方は大きく変ってきます。

図ⓐ，1/35ミリタリージオラマ。見る者はフレームいっぱいに目を近づけ，作り込まれたディテール，人形の仕草・表情まで目を凝らします。鑑賞者は，まさにこの街路に立つ目撃者なのです。

背景はこの視点に対し，適切なパースペクティブをもって描かれ，前景の立体物をよりドラマチックに演出します。

図ⓑ，我々の小スケール（Z・N・TTなど）レイアウト。エンドレス前端を走る列車はその位置にあって，すでに数十～数百m離れたビルの上から眺めた程度の大きさしかありません。更にはレイアウト自体の奥行（単純に‘0.3m×スケール’ではない！）が加わり，背景に描かれるものは更にその彼方，つまり「無限遠」の存在となるのが普通です。

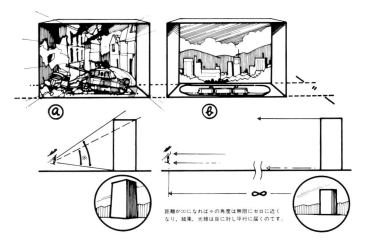

「無限遠」からの光は，すべて平行に目に入り，物みな立体感・厚味を失って，平板に見えます。（絵画に於ける「短縮図法」又，望遠レンズの「圧縮効果」）

つまり，レイアウトの背景画に，むつかしい遠近法・透視図法を考える必要はあまりなく，単純な「切り絵」的表現でも充分効果的な訳です。（中途半端なパースは逆効果となります）

遠近法が必要とすれば，それは「線による遠近法」でなく，「大気の遠近法」です。

以上はレイアウト「向う正面」の場合の話で，レイアウト両サイドに立てた背景板では，又，話が違ってきます。この部分の処理は，「大変むつかしい」と云え，単なる絵画的・平面的処理で済ますのに困難を感じます。

私自身ローレリーフを多用したり，斜めに切り落として面積を小さくして「逃げて」いるのが現状です。

③面は底辺の最大幅で10cm程度の小さなもので，この面に持ち運び用の把手をネジ止めしてあります。

極めて軽量で，比喩的な意味でなく，実際小指一本で軽々と持ち上げる事が出来，ヒョイと押入れの隅にしまい込む事が出来て全く邪魔になりません。(しかも，これはジオラマでなく，レイアウトなのです)

背景制作は，先ず仮に背景板と同一サイズに切ったケント紙を立て，自由にイメージをふくらませつつ，サインペンでラフなスケッチを描いてみます。(右写真の上)

気に入らなかったら，ケント紙を取り換えて何度でも気の済むまで…。

気に入ったのが出来たらとり外して伸ばし，その各要素を夫々最適の技法で表現・実際に制作してみる事にします。(右写真の上から二番目)そうして出来た各パーツを，本番の化粧ベニヤに貼り付けて，背景板を完成させようという訳です。

各要素は，写真左から順に，コラージュ(貼り合わせ)的手法で半立体に作った雑然たる古い街並み，次が①②面のコーナー部になる円筒ビルで，これは背景板の角(隅)を隠すため，完全立体として厚紙工作。(丁度，レンガの銀行の上)

次はターミナルビルのローレリーフの背後に位置するビルの連なりで，完全フラットなペン画淡彩。

一番右のヘンな円盤状の建物は，当初，背景板の「目玉」のような考えで，センターにドンと据えるつもりでいたのですが，(電鉄デパートのようにそびえる回転レストランだったのです…) ちょっとオモチャっぽく，又，建物として自己主張が強すぎてレイアウト全体の和を乱すように思われたので，脇に退いてもらいました。(背景としても前に出すぎる) その様子は完成写真で御覧下さい。

後ガマには，彩度を落として描いたおとなしいパーキングタワーを据え，結果，私はこれで良かったと思

↑仮に背景板に立てたケント紙にラフなスケッチを描く。

↓取り外した背景スケッチとそれを元に作った背景の各パーツ。

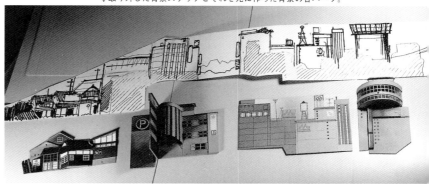

↑結局，左側にセットした円盤状の建物。

→パーキングタワーの参考例。パーキングタワー・立体駐車場のたぐいは，形もシンプルで表現しやすく，又，一定の時代感(モータリゼーション後)も表現してくれる，手頃な背景素材です。

↑不動産パンフレットのイラストを拡大コピーした背景板の
右側部分。左に立ててあるのがその元となったパンフレット。

↓背景板が完成したレイアウト全景。

っています。(太子も曰く、"和を以て貴しと為せ")

さて、①面から③面にかかる部分は、都会風景が郊外に転じ、緑の山並みが迫ってくるところです。

腕に自信の方は絵筆をふるっていただければ良く、写真表現(自作品、又、ポスター等の流用)でもまとまりましょう。

私のは不動産チラシの中の「現地イメージイラスト」を、カラーコピーで部分拡大したものです。

眼下に海峡を望む高台の高級分譲物件で、私には縁遠いものですが、この種のチラシ・パンフの中には、見事なパノラマ写真などそのまま拡大コピーして背景板に使えそうなのもあり、又、個人的には新しいアパート等ストラクチャーの設計・製作用参考資料として以前から愛用しているものです。

その様子を写真に示しますが、左側に立てかけてあるのが元になったパンフで、沿線各駅で無料配布されているもの。その中からピックアップし、切り取ったイラストが右下に見えます。

それをカラーコピーで適宜に拡大、多少の加筆・色補正を施して前景にとけ込ませ、貼り込んであるのが完成写真の状況。

山腹に赤い四角ベタに白抜き文字で「現地」とはっきり読めると思います。イラストの出典・身許を示すため、わざと残してあります。

このように様々の手法を駆使合成し、背景を制作するのは面白いもので、「絵は苦手」と仰言る方にも楽しんでいただけるのではないかと思います。

工業地帯・深山幽谷・郊外風景、空の色ひとつにしても、決して一様ではありません。いつも出来合いの"青空にちぎれ雲"だけでは、チョットたいくつかも知れません。御自身、自らの鉄道のイメージに合わせ、いろいろ工夫して御覧になって下さい。

背景処理という事の重要性に必ず気付かれるはずです。(特に、レイアウトが小さければ小さい程、その効果は"劇的"とさえ云えます)

空の色だけでなく、「風の色」さえ感じられるようなレイアウト、そんな背景処理が出来たら素晴らしいなと思います。それが私の理想でもあります。

＊

その他、細々としたディテールアップの様子などは、完成写真で御覧いただきます。全景撮影は広角気味のレンズに依っており、当然背景の"空"が足りなくなって継ぎ足す事となりました。しかし、もともと化粧板のオフホワイトをそのまま生かした「空」なので、同色の残材を仮固定して、ほとんど継目の目立たぬ好結果を得る事が出来ました。

レイアウトの「写真記録」といった面も重視されるなら、その辺もあらかじめ考慮に入れておかれた方が良いでしょう。

「白い空」は又、ライティング映えが良く、照明の色を敏感に感じとってくれます。澄んだ青空に見せかけるのもむつかしくなく、そのままで自然な明るい曇天、又、室内の白熱電球下で通常のディライトフィルムで撮影して、あたたかな夕景を演出する事も出来る訳です。

「白」は意外に融通の利く、飽きのこない色かも知れません。

Scenery Sketch

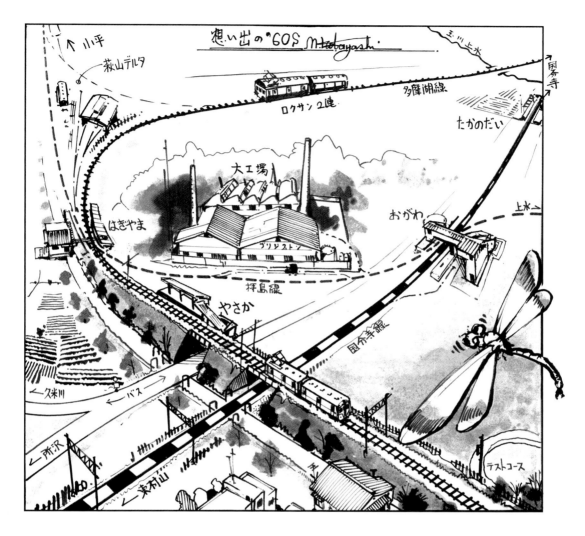

　1960年代後半, 鷹の台（国分寺線）の美術学校に通っていて, その4年間の内に, 小平, 東村山, 所沢近辺のアパートを転々としました。"画学生は部屋を汚す"と云って嫌われた時代です。

　その中のひとつ八坂（やさか＝多摩湖線）時代の下宿のそばの大きな公団住宅の中に電車図書館は確かにありました。

　下宿は2階の角部屋で, 窓を開けると, 築堤上をゴトゴト走る2連が見えました。

　思い出多き部屋ですが, 水道道路沿いのそのアパートは, もとより今はありません。

　そして, 通学も, けっこう大変。

　八坂→鷹の台と云うのは, 地図で見ると目と鼻の先なのですが, 行きも帰りも2回のりかえ, 西武の3路線を乗り継いで, ちょっとした一筆描きの旅を毎日"楽しんで"いたのです。

　これは, 国分寺線と多摩湖線の交点に駅が存在しなかった（もちろん, 今も無いハズ）のが最大の理由で, 多摩湖線で八坂→萩山, 上水（拝島線）で萩山→小川, そして, 国分寺線で小川→鷹の台と乗り継いで, やっと目的を達する訳です。

　複雑怪奇な路線のからみ, 乗り継ぎを経験, くり返すうちに, 自然と各線の成立事情, 歴史背景なども判り, 興味も深まっていった訳です。

　ちなみに, 絵で, 立体交差の下を走るのが国分寺線。ここは, 当時すでに全列車4連で, 両端のMcのみが17mの351形, 中間に20mの1411を2輌はさんだMc＋T＋T＋Mcときまっていました。

　ベージュとローズピンクのロクサンのこと等々, 書き残しておきたい想い出も多く, 又, 当時リアルタイムで作った17m車も, 捜せば相当出てくると思うので, 又の機会に…。

　旧50系のみでなく, 30, 31系（の成れの果て…）も, まだまだ残っていた時代のことです。

29

トミー「ミニカーブ」

レイアウト雑感──軌間9mm小カーブで遊ぶ

　Tomixレールシステムに新たに加わったミニカーブ（R140／177），スーパーミニカーブ（R103）は，私にとって，ちょっと評価にとまどう製品です。

　道床の質感は相応にリアルであり，改良を加え完成の度を増したジョイント機構は強固・確実で，高度な薄板プレス加工技術で作られたジョイナーの形状ひとつ見ても，メーカーの意欲は伝わって来ます。

　これを生かす最大の途は，Nゲージのフロアー運転・組立式レイアウトにあると思われます。

　線路の分割・再組立と云った事を考えない純粋な固定レイアウトに於いては，以上の技術的特徴や，それに費やされたコストの多くが無駄なものになってしまうかも知れないからです。

　しかし翻って，この線路群のもうひとつの大きな特徴，超急カーブから来るレイアウトサイズのコンパクトさを考える時，あえて「分解・再組立」にこだわる必要もなく，そのまま本格固定レイアウトに移行させたいと考えるのも，又，人情です。それがNゲージの正道でもありましょう。

　さりとて，パッケージ台紙に示されたプラン図からは，もうひとつ本格固定レイアウトのイメージが湧かないのも事実です。

　私には，情景・運転パターン・設定が仲々思い浮かばないのです。

　あえて誤解を恐れず云うなら，Bトレインショーティーのフロア運転に最適のプラン集のように見えなくもありません。

　それは別段，不都合な事でも何でもなく，メーカー・ジャンルの垣を越え，国際規格の「軌間9mm」を通じ，大メーカー同志相互乗入れ・補完しあうなら，それは我々にとっても歓迎すべき事でありましょう。

　唯，その事について述べるのは，今回，私のテーマではありません。

　更に，ポイントの構造的特徴も考慮に入れる必要があります。

　私は，後に述べるテストレイアウトに於いて，R140ポイントを一種のスプリングポイントとしてかなり酷使してみたのですが，軽度の転換不能を経験し，調整の為，道床裏ブタを開けて見る機会がありました。（転換の為のメカニズムは，すべて道床内にコンパクトに隠されています）

　構造的に少々デリケートな部分もあり，これを例えば接着に依ってレイアウトベースにガッチリ固定してしまうのは，後の事を考えるとやはり不安が残り，もうひとつふん切りがつきません。

　私は以上もろもろの事を考え，やはりこのレールシステムをまずはフロアー運転の組立レイアウトとして試用してみる事にします。（もっとも，"フロアー"といっても，私の場合，ほとんど"卓上運転"です）

私のレイアウト構想

　さて，この小カーブレールシステムが，そのポイントの寸法から見ても，基本をR140に置いているのは明らかです。

　このR140に対し，Tomixレールシステム創設以来の複線間隔37mmを維持して，R103及びR177が設定されている訳です。

　そして，実際運転してみて判るのは，R103とR140／177との間には，相当大きな実用上のギャップがあるという事です。

　前者は，やはり「スーパーミニカーブ」と「スーパー」を冠する名称の通り，相当な特殊線路であり，対して後者グループは充分に実用的で，一般的な編成運転／連結運転にまずは耐え得るものです。

　20m車ではやはり，いささかギリギリの感はぬぐえませんが，"チョット短か目"の17～18m車の短編成がメインとなる私鉄電車風レイアウトなどでは，以下に御覧いただく如く，視覚的不自然さもなく，どのように線路を組み合わせ・継ぎ足しても，まずは"走る"といって良いと思います。（もとより，通常の台車マウントカプラーが前提）

　そして，国鉄型中心，20m車メインだった昔に比べ，そのクラスの製品は本当に増えて来たと思うし，今後も当然この辺のRを視野に入れた製品開発が大いに期待出来る訳です。

　レイアウトを作れない（～作らない）言い訳は，ますますむつかしい時代になってきました！

　車輌とレイアウト，コレクションと工作をトータルにバランス良く楽しむファンが，更に増えてくれるのを期待したいと思います。

　そして，その限りに於いて，このゲージの将来は，バラ色であるように思われます。

に思う事

さて、私のレイアウトプランを右図に御覧いただきます。

前作（18頁〜28頁）の30×60cmより一廻り大型（！）の40×70cmをひとつの目安に、先に述べた理由により、R140／177をメインに用い、自由気ままに組み合わせている内、自然発生的に出来たもので、○セットを何組使用と明言できるものではありません。

ほんのチョット無理して継いでいる部分もありますが、私の愛用机（実は古いコタツの天板）の上で、まずは楽しく運転できます。（図中の72×42cmの外寸は、本格固定レイアウトに移行した時の想定ベース寸法）

驚いたのはこの線路、これだけのレイアウトに組んでも、ヒョイと持ち上げて、全く型崩れせず。そのままバラす事なく、カモイに掛けて跡かたづけ、収納の出来る事で、次の運転時、ジョイントは全くゆるんでいません。

これは便利です。プラレール以上です。次の運転開始時の再組立・整備のわずらわしさから完全に解放されている訳で、組立式レイアウトとしてすでにひとつの完成型といえるかも知れません。

もっとも、これにも"限界"はあると思われ、先に私の設定したサイズは、丁度その限界あたりだったのかも知れません。あまり大きなものでは、如何に強固なジョイントといえど、無理な力がかかって破損してしまう事は、常識で判断できます。

さて、"レイアウト"というからには設定イメージ、基本となる運転／運行プランが存在するはずです。以下にそれを述べます。

私の設定

長年にわたり、買い集め・作り溜めた自らの名鉄コレクションを存分に走らせたく、18m×2連をメインとした私鉄電車線を想定します。

行き止まり2線の終端駅を大きな

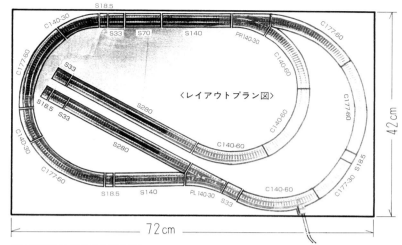

〈レイアウトプラン図〉 72cm × 42cm

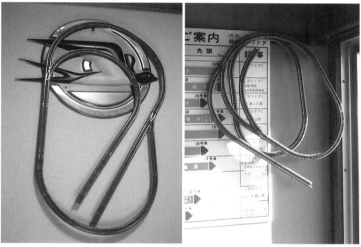

↑L金具にかけて片付けたところ。左写真のように、国鉄バスのエンブレム（本物）と比べると、大きさが良く判る。

↓長年にわたり買い集め作り溜めた、筆者の名鉄コレクションの一部。左にちょっと顔を出しているのはNゲージ初期の全自作パノラマカー。

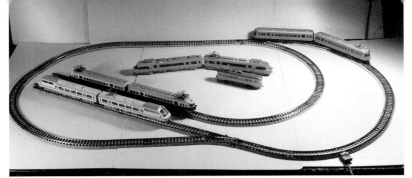

↑「18m×2連」とレイアウトのサイズ感の対比。ちなみに，古いエッチングキットの「いもむし」3400系はスカートの省略一切無くして，R140を見事に走るのは流石。（GM18m動力ユニット使用）シャープで肉薄の金属キットの良さが出ています。

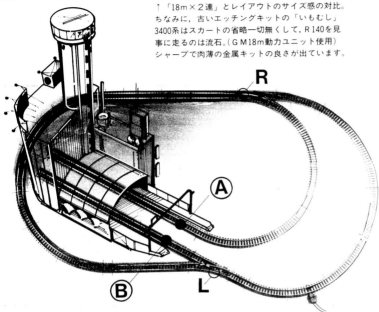

アーチ屋根でおおって，私の思い描く理想の「電鉄ターミナル」を作ってみようか，と思います。

そのような「巨大」ストラクチャーは，私にとって本格固定レイアウト上に作る機会はあまりないし，うんとインパクトの強い存在感のあるビルにして，その自己主張がまわりの雑多な余計なものを忘れさせてくれる，シンボリックな存在にしたいのです。

HOとNでストラクチャー設計の味付が微妙に違う如く（単に寸法的な事だけでなく），フロアー運転用と本格固定レイアウト用とでも又，ストラクチャーデザインのコンセプトは違ってくる訳です。

ホーム部分の複線間隔は，私の実測で約40mm。この部分は寸法の融通の利くところですから，少々ギュッと詰めて37mmにして，既成ストラクチャーの応用でもまとまりましょう。

尚，パノラマカー（先頭19m，中間18m級）の4連は全線にわたりスムースに快走しますが，ターミナルホームの有効長は全く足りません。

運転プラン

Ⓐ，Ⓑに各一編成を置いて，本日の運転のスタート。L，Rの両ポイントは，この時点ではすべて本線エンドレス側に開いています。

Rポイントを引込線側に開いて，Ⓐ列車出発進行！ 本線エンドレスに出て任意に周回。その時点でRポイントは切換操作する必要もなく，そのままスプリングポイントとして機能します。

つまり，左廻りに周回するⒶ列車は，ポイント先端軌条（やわらかいスプリングで，基本レールに押し付けられている）を，自らの自重とフランジの力で押し開いて通過して行く訳です。

飽きたらエンドレス上の適当な地点で停止・逆行させれば，そのまま自然にⒶ点に戻ります。（逆行点には出来たら小ホームを置き，小駅を設定しておきたい）

次にⒷ列車を同様に運転，これを交互にくり返す訳です。

尚，Ⓑ列車の走行中はRポイントのみは，正しく本線側に切換えておく必要があります。如何にスプリングポイント機能があるからといって，これを怠ると，ⒶⒷ両列車が同時に走り出してしまいます。

以上は，ポイントの電気的選択機能と，スプリングポイントとしての物理的機能を最大限生かした，一種のプリミティブな自動運転といえなくもありません。

何事も電子化・デジタル化の時代ではありますが，一種'頭の体操'ともいえる，こんな遊び方をいろいろ考えてみるのも楽しいもので，模

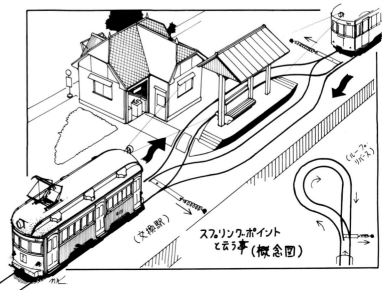

型鉄道の省エネ・省コストにもつながりましょう。

さて、スプリングポイントというのは、本来、市電の交差点などで、渡り線の進入方向が一定に決まっている場合など、いちいち切換える手間を省く目的で多用されていたのですが、私はこれをパノラマカー4連が高速通過する本線上であえてテストしてみた訳です。（最大6連でもテスト）

つまり、一編成が一回通過する度に、単車・二軸市電なら8台分（6連なら12台分）の負担が一度にポイントにかかった訳で、これは多分メーカーの'想定外'の使用法だったと思います。したがって、この件に関しては、これ以上述べません。

今現在、トラブルはなく楽しく運転していますし、何より普通にポイント切換をしていれば、おそらく何の問題もない事です。

＊

走行が安定してきたところで、このレイアウトプランを、そのまま本格固定式に移行する事を前提としたイメージスケッチも描いてみました。

一応「名鉄風」という事で、名古屋近辺を意識したイラストになっていますが、基本的アイディアは広く一般の電鉄レイアウトに応用可能と思います。

まず、固定レイアウトとして情景設定する時の最大の問題点。

ターミナルビルの正面玄関のすぐ前を、本線エンドレスが通っている事――フロアー運転時、問題にもならなかったこの一点は、やはりちょっと処理に困ります。まさか、正面を出てすぐに、"開かずの大踏切"という訳にも参りません。

本線エンドレスに直線何本かを挿入して左方に拡大してみたところで、レイアウトサイズが中途半端に肥大するのみで根本解決とはなりません。

平面プランでレールの描く曲線の引き締まった美しさも、散漫なものになってしまいそうです。

私はターミナルビル自体を人工地盤で持ち上げ、エンドレスはその部分、地下線として解決する事にしま

↑自作・市販品混成のパノラマカー6連がGM18m級動力ユニット一台で、見事にエンドレスを快走しているところ。

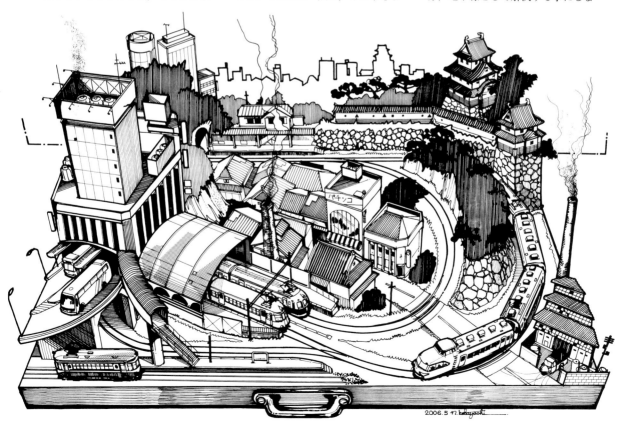

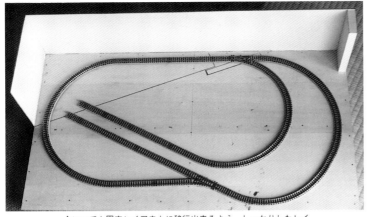

↑いつでも固定レイアウトに移行出来るよう、しっかりしたレイアウトベースはすでに作ってあります。平面サイズ42×72cm、先稿でも述べた白色化粧ボードの背景板高さ20cm。（線路は未固定）

↓手頃なサイズの"電鉄ターミナル"山陽姫路駅。すべて人工地盤上にあり、下は神姫バスのターミナル。

す。

これなら、ターミナルビルも制約なく自由なデザインで、いくらも大きく出来るし、上層階をバスターミナルにして、絵の如く立体的な都市景観を演出できましょう。（現在の私の町のターミナルは2階が電車、下がバスで、絵とは丁度反対になっています）

本線エンドレス走行中の折返しも、この地下部分で行なえば、必ずしも新たなホーム設備を要しません。

新名古屋地下駅から急勾配を駆け昇ってくるパノラマカーと、高層のバスターミナルから下りてくる赤／白ツートンの名鉄バスの交錯するシーンは、"偉大なる田舎"から脱皮した近代都市名古屋を象徴する景観として、多くのグラビヤを飾ったものです。

そのターミナル2Fからはか跨線連絡橋を手前に伸ばし、ダミー（別にダミーでなくとも良いのですが…）の軌道線ホームにつなげてみました。

このホームや、背景にローレリーフとして描いた小ホームも、本線上折返し点のひとつのアイディアです。駅は多い程運転パターンが面白くなりましょう。

エンドレス内側は低層の木造家屋の密集地。まさに"偉大なる田舎"の名残りで、派手な電飾看板のパチンコ屋さん（イルミネーション工作が楽しめそうです）は、このスペースに少なくも2軒は絶対に必要です！

右上に半ばローレリーフとして表現するお城は、必ずしも巨城・名古屋城にこだわる必要はありません。— というか、それは無理な相談です。（別掲イラスト参照。常日頃申し述べている、「建築模型」と「レイアウトストラクチャー」の違いという事が良く御理解いただけると思います）

名鉄沿線はまさにお城の本場。豊橋・岡崎・岐阜・犬山はじめ、各地に小ぢんまりした良いお城があります。それらをアレンジして小振りの天守を作ってみるのも楽しそうです。（犬山城は国宝指定の'本物'の古城です）

石垣にはさまれた空堀の中を急カーブで抜ける区間は、往年のセトデンのムード。これは私には、はずす事の出来ないシーンなのです。

その他、手前右コーナー部には、津島あたりをイメージして、ノコギリ屋根の町工場（大半が織物工場）を描き足しました。

多くは木造の2連～3連のちっぽけなノコギリ屋根の点在する独特の風景は、今も残っていると思いますが、昔は今の10倍くらいの工場があったような記憶があります。

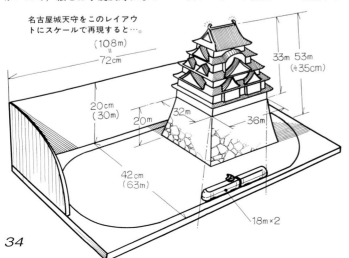

名古屋城天守をこのレイアウトにスケールで再現すると…。

日本には日本のトーマスが必ずいたはずです…。

　私はNゲージの初期から，ずっとこんなレイアウトを夢想していたのですが，本当に手軽に実現出来そうな時代になって来た事に感慨を覚えます。長生きして（？）良かったナァと思います。

　　　　　　＊

　ミニカーブのR140やそのポイントは，私に黎明期のHOナローを強く思い起こさせます。又，小さな90°クロスは，まさにトロリー。市電の交差点のイメージです。

　道床のプラモールドだけ取り替えて，大きく"変身"できる線路群なのかも知れません。

　ナロー／トロリー仕様に留まらず，一般Nゲージ用としても，もう一工夫（一仕様？）あっても悪くないと思います。

　大カーブ線路との混用を前提としないなら（それは，メーカーとしても賢明な方策でありましょう），必ずしも現状の明るいグレーバラスト，クレオソート風枕木の強烈なコントラストにこだわる必要もないはずです。

　それは明らかに保守整備の行き届いた大幹線，ないしフロアー運転向きのもので，この極小カーブ線路群のコンセプトに必ずしも合致しているとは思えないのです。

　より渋い，本格的な情景指向の固定レイアウトを意識した仕様 — 例えば，いびつな白茶けた枕木，さび色に染まったバラストetc — があっても，おかしくない気がします。

　レイアウトは，小さくなればなる程，線路の占めるスペースが相対的に大きく，目立ちすぎるもので，道床の存在など逆に隠したくなるものです。

　車輌の入線制限と道床の「色」をうまく，リンクさせる等のアイディアも考えられましょう。

　私は，やはり年少のNゲージャーに，一度は本物の固定レイアウトの深み・奥行きを経験してもらいたい気がします。それがNゲージのもともとのスタートラインだったはずだし，そこを経由してその先どう進もうが，全く自由な訳です。

　Nの「入門セット」は，何も大カーブのエンドレスに「新幹線3輌編成」でなくとも，ちっぽけなBタンク・Cタンクの引く古ぼけたマッチ箱の2輌連結でも，少しも構わないと思います。

　それは，もしかしたら今では，彼等にとって「トーマス」の世界で充分に親しいものかも知れないし，レイアウト設定にも無理がなく，ストーリー展開にも歴史の厚味が加わります。

　私の少年時代でさえ，そんな小鉄道は現実に，確かに存在していましたから…。

　今の処（本稿執筆2006年5月），私にはもうひとつ明確な一貫したコンセプトが感じられず，「未完」のイメージのつきまとう，この小線路群も，或いはそんな時に本領発揮，真価を見せてくれる事になるのかも知れません。

　そうであるなら，その時，軌間9mmの世界は，さらに一段と大きな拡がりと厚味を獲得するのではないかと思うのです。良い素性・素質をもった「未完の大器」かも知れません。

　いっときのブームに流される事無く，じっくり大切に育てて欲しいジャンルです。

〈Cタンクとマッチ箱〉

レイアウト雑感──軌間9mm小カーブで遊ぶ

このシリーズ、少々"電車運転"に偏ったきらいが無くもありません。

もっとも、それには理由もあります。その方面の市販製品の急速な充実。単行、又短編成の小型電車運転の手軽さ・親しみ深さ…。そして、もちろん私自身の好みもあります。

しかし、翻って私自身の鉄道模型遍歴を振り返る時、やはり原点に「タンクロコの引く小列車のエンドレス運転」があったのも事実です。

私の鉄道の最初の蒸機はカワイの60形か、TBMの森林Bタンクのどちらかで、今思い返してみても、どちらが先だったか明確には思い出せません。(もちろんHOでの話)

どちらも本当に良く走り、それらメーカーの名前とともに、私の少年時代の良い想い出になっています。

特に60形は、肉厚のWメタル一体鋳造の頑丈無比の上まわりが、シンプルな下まわりに絶妙のウェイトをかけ、強力なL-3モーターと相まって、ありったけのブリキの貨車を引っ張って、未だ力が余っている風でした。

何しろ、たたいても落しても壊れるところのないロコで、夜フトンの中に持って入り、いろいろ改造ディテールアップのアイデアなどイメージをふくらませ、思いを巡らせるうち寝込んでしまい、翌朝、体の下敷になって無事発見された事さえありました。

あの頃、私の鉄道模型は、文字通り体の一部になっていたと、自信をもっていえます。

直流二線式電動蒸機模型の基礎を私にしっかりたたき込み、教えてくれたのは、これらシンプルで個性豊かなロコ達です。

以後、数多くの自由型タンクロコを手にして来ましたが(全メーカー、全モデルとはいわぬが、マァ大半の…)、中でやはりいろいろな意味でバランスがとれて良いナァと思ったのは、KTMのCタンクでした。

これは、三津根鉄道のレイアウトフォトの影響も大きかったと思います。

一貫して私は、「EB58」よりはBタンク、そしてBタンクよりはCタンクに興味とあこがれがあり、私の指向する処とも合致していました。

フリーランスデザインとして、より実在感があり、レイアウトのイメージが湧き易かったのです。

時は流れて時代がNゲージに傾きはじめ、しかし、未だ国鉄型・大型車しか無かった時、もっと小さなレイアウトで本当に主役を張れる(入換機ではない…)あんなロコがあったら楽しいだろうナァと思ったものです。

その頃の極く個人的な試みのいくつかを、冒頭カット写真でチラッと御覧いただこうと思います。

当時は最急R200程度がひとつの目安目標だった訳ですが、今回はその更に半分の超急カーブが相手です。

果して、どこまで思いが達せられますか…。

電車運転と機関車運転

さて、現代日本の鉄道は、圧倒的に「動力分散方式」であるといえます。

機関車けん引の旅客列車は、まさに風前の灯、大型ロコ最後の牙城、貨物列車にさえ、スマートなコンテナ電車が導入され、脚光を浴びる時代になりました。(でも、ずい分待たされました)

模型運転における動力分散型列車の良いところは、どこで逆行・方向転換しても不自然でない事が最大で、機廻し線やリバース線のスペースを確保し得ない極小レイアウトにおいて、これは決定的な利点となります。

ただのエンドレスでは、機関車けん引列車は文字通り一方向にぐるぐる廻るよりほか無いのです。(今、ここで欧米のPush-Pull Trainの話を持ち出す必要はないでしょう)

しかし、一方、ちょっと見方を変えるなら、どっちが前だか後ろだか判らない電車列車にくらべ、ロコけん引の列車は全体のフォルムに方向感が感じられ、ロコを付け替え、客車を取っかえ引っかえして編成のバラエティーを楽しむだけでも、充分電車運転に匹敵する魅力があるといえるかもしれません。

極小スペースのレイアウトに、そんな機関車列車の魅力の一端でも引き出してやれないものかと思います。

そして、その魅力をいっそう際立たせるため、今回、特に「蒸機けん引」にこだわってみました。

フォルム自体の面白さに加え、ロッドの動き、発煙アクション、ドラフトサウンド等々、蒸機列車の魅力はレイアウト上においても、EL・DLけん引列車とはやはり一線を画するもののように思われます。

もより、私の作品作例が、そのすべてを満たしている訳ではありま

──Nゲージ非電化ローカルレイアウトの試み，そして，そのむずかしさ…。

せんが，模型としての「可能性」，製品としての「付加価値」等々，Nとしても興味のつきない研究テーマではありましょう。

私が以下のテストに用いたのは，主に古いトミー製品（ナインスケール"KSK・Cタンク"）及び，その個人的改造・改良機ですが，或いはこのクラスのロコの新規製品化も望める状況にあるのかもしれません。

そして，もしかしたら，そんな時のひとつの目安として，以下の私の様々な試行錯誤はお役に立てるかもしれません。

ヨーロッパ老舗メーカーの古いNゲージ製品中のシンプルなBタンク・Cタンクの中にも，日本の田園風景，ローカルレイアウトに無理なく溶け込むものが，いくつかあるように思います。（写真中にも写っているかもしれません）

そしてそれは，日本の鉄道発展・機関車国産化の歴史的経緯を考えれば，納得のいく事です。

基本的走行テスト

▶写真Ⓐ

Tomixスーパーミニカーブ R 103 エンドレスを用いての，マッチ箱列車の試走。

ロコは旧Bachmannのドックサイド（＝ナインスケール"Bタイプ小型蒸機"）の足まわりに，戦後産業ロコ風味付けのボディーをかぶせた試作機で，同じく古い香港製二軸貨車の足まわりに，マッチ箱風ボディーをかぶせた客車2輛を引いてR 192を快走したものです。

しかし，R 103ではからっきし走れません。御記憶・御承知の方も多いと思いますが，このロコは後部オーバーハングが大きく，モーター収納の関係でこの基本プロポーションは変えられません。（キャラメルモーターがこのオーバーハングにギリギリ納まっている）

又，客車も固定軸距が大きく（作例で27〜33mm），カーブ上で全くカプラーがつながりません。

はるかに大型のボギーDCがクルクルと快走するのと対照的です。（中〜小型の地方私鉄タイプボギーDC・GCは今では"鉄コレ"動力ユニットで，非常に楽になったと思います。グリーンマックスの菱枠台車と併せ，広汎な製品化が期待されます）

ロコを，よりオーバーハングの小さい，"KSK・Cタンク"と取り換えても，結果はあまり改善されず，特に直線からR 103にかかるところで，決定的に脱線します。ここで，カプラーに最大の負担がかかっているのは明らかです。客車自体の走行抵抗も相当なものです。

▶写真Ⓑ

客車をボギーに換えたら，ウソのように走るようになりました。

旧作自作客車はWルーフの"大型"の方が車体長88mm，ボギーセンター間50mm，ガソ改造風の小型の方が同じく78／42mmで，ボギー自体はグリーンマックスの旧型気動車用アーチバー。

写真は，まさにR 103上を連結走行しているところで，ボギーと共に首を振る「台車マウント」カプラーの強みを，いかんなく発揮しているのが判ります。

▶写真Ⓒ

それならと，丁度手許にあった"鉄コレ"のコトデンTc（No81.

写真Ⓐ

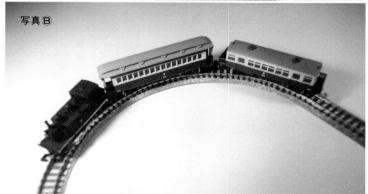

写真Ⓑ

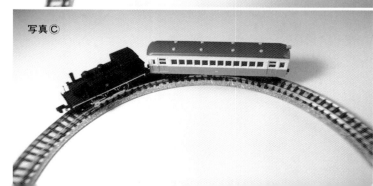

写真Ⓒ

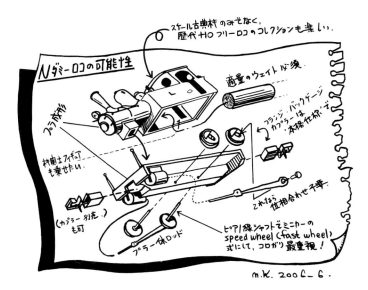

15m級）を客車に見立てて，KSKに引かせてみます。

　写真は，箱から取り出した製品をそのまま線路上に置いてみたイタズラで，未だカプラーもダミーのままですが，後日正式にアーノルトに取り換え，2輛連結（ロコ＋81＋81）で極めてスムースにR 103（もちろんバンダイのR 100も）を走行可能な事を確認済です。

　余談ですが，私の町は海をはさんで四国に近いせいか（？）コトデンの当る確率が非常に高く，Tc81号だけで私は3輛も持っています！

　先の発想も，そんなところから生まれたものですが，意外な程のバランスの良さ（色合いからは，津軽鉄道などを連想します）に，私自身おどろいているのです。

　ロコさえ自由，気軽に手に入るなら，けっこうな「オススメ編成」といえるかもしれません。

　"電車型客車" は，将来の電化を見込んで，実際いくつかの地方鉄道で導入された実績もあり，又，当然，古い電車を電装解除して客車代用とした物と想定しても，実例はいくらもあります。

　北丹鉄道の旧南海の木造電車などすぐ頭に浮かびますが，関東の古いファンなら，東武矢板線などを思い浮かべられるのかもしれません。

　鉄コレの台車は付属のプラ車輪のままでもコロガリ優秀で，又，チョットいたずら心を働かせて，この客車に15m動力ユニットを組み込んで「ユーレイ」に仕立て，ダミーロコを押させてみたい気もします。

　小型タンクロコのNゲージでの製品化・動力化の難しさは，今も昔もあまり変わっていないようにも見え，いささかオーバースケールの古典機なども見掛けます。

　なら，いっそ足まわり・ロッドの転がりだけには充分留意して，スケール・プロポーション重視のダミーロコの存在も否定されるべきではないと思うのです。（安価で親しみやすいプラ製1/150古典ロコ・コレクションなど充分成立の可能性がありましょう）

テストレイアウトの実際

　千日前の道具街（大阪・ミナミ）で30×45cmのチョークボードというのを見つけました。要するに小型の黒板で，食堂の店頭に "本日の日替わり定食" などをなぐり書きして出してある，アレです。

　基本はベニヤのパネルですが，屋外での使用を前提としているからなのか，大変厚手のしっかりした材料で作られ，又，当然ながら表面はしっかり目止めされて，ぶ厚いツヤ消し塗料が塗布されて仲々美しい仕上げです。

　色々のカラーがありましたが，私は，そのままでも田園地帯の自然をイメージ出来，今回のテストレイアウトのコンセプトに相応しいくすんだグリーンを選びました。

　写真は，一応ボギー客車をメインに運用するものと考えて，シンプルにR 103エンドレスから，R 140ポイントで側線を引き出し，その先に安価な鉄道フィギュア中から見つけたφ70のプラ製のダミーターンテーブル（スケール不詳，ゲージ実測6.5mm，Nより一廻り小柄なC 11が載っていた全くの置物）を仮に置いてみたところ。

　テーブルの上方に機関庫を想定して，一応バランス良く収まっていま

↓レイアウトのベースとしたチョークボード。

↓テストレイアウト，最初の試み。

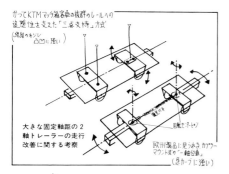

かつてKTMマッチ箱客車の抜群のレールへの追随性を支えた「三点支持」方式（線路のネジレ凸凹に強い）

大きな固定軸距の2軸トレーラーの走行改善に関する考察

欧州製品に見られるカプラーマウントの「一軸台車」（急カーブに強い）

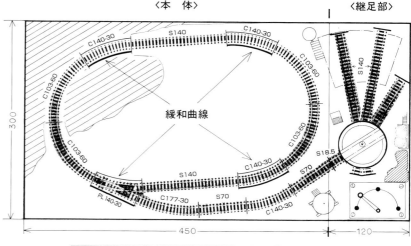

〈本　体〉　〈継足部〉

→「緩和曲線」の採用で走行可能となったCタンク＋2軸マッチ箱編成。R140の緩和曲線に入ったところ。

　す。

　唯，やはり本線エンドレスとポイントのRが一致しない悲しさで，側線はストレート部分から強烈なSカーブを描いて分岐する事となり，実用性に疑問を感じます。（一応ロコ単機では走る）

　再考して根本的に考えを改め，本線エンドレス中，R103とストレートの接続部にR140ポイントを収め，当然それではエンドレスが成立しないので，対応する他の3点もR140（品名C140-30）に置きかえて，右上の図の如きプランに収めました。

　つまり，直線からR103にかかるところ（及び，その逆）に，すべてR140の緩和曲線が入ったことになり，これだけの事で何と，先の2軸マッチ箱編成も走行可能になったのです。（本当です！　ただし，R103上での客車の走行抵抗自体は緩和されるはずもなく，多少スピードは落ちます）

　もっとも，良い事ばかりではなく，当然エンドレスのサイズは若干肥大し，ターンテーブル（及び機関庫）は外部，継ぎ足しベース上に追いやられる事になりました。

　ベース全体寸法が大きくなって構わないのなら，はじめから本線全体をR140にしても良かった訳ですが，それは後になっていえる事です。

　又，私のテストレイアウト最終作例が，プラン図の如くにスッキリしたものでなく，文字通りのツギハギになって，この間の苦闘の跡を示しているのは，写真で御覧の通りです。

　ターンテーブルは前記ダミー製品がNゲージタンクロコ用として丁度手頃のサイズであり，これを大改造して実用品にしてみる事にします。

　筆者が昨年（2005年）購入したこの製品（たしか，パッケージに「鉄道ファン」誌のロゴが入っていた）が，現在も入手可能かどうか，私は知りません。

ターンテーブルの改造工作

　ターンテーブル（Turn-Table）は文字通りロコを載せてぐるっと一回転させて，向きを変えてやるのが第一・最大の役目で，鉄道に限らず，例えば狭あい路のバスの終点・折返し点などでも，仲々雰囲気のあるものを見かけ，ストラクチャーとしてレイアウト上での再現に思いが募ります。

　鉄道用として忘れてならないもう

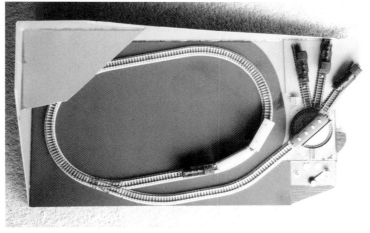

テストレイアウトの最終作例。

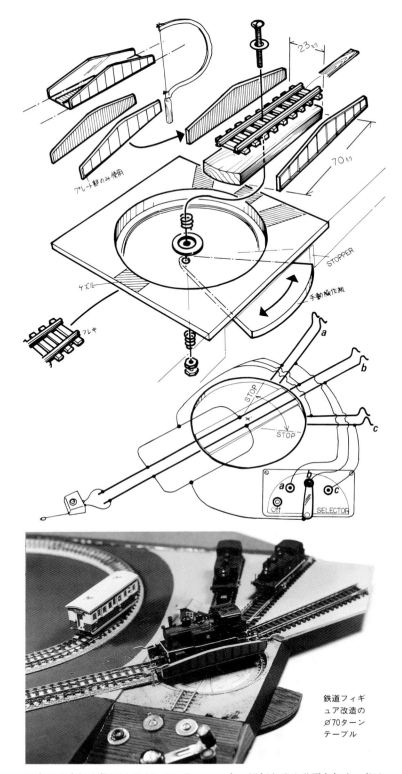

鉄道フィギュア改造のØ70ターンテーブル

はタンクロコの"特技"です。

左の図を御覧下さい。ピット側は、ベース（約8×11.5cmのミニジオラマ仕立て）と一体に成形されたプラ線路を削り取り、正規（任意）のNゲージ線路に置き換え、更にピット中央の穴（凹み）をφ2ドリルで貫通させておきます。

これが転車台の回転中心になるので、センターに注意して、出来れば金属パイプやワッシャーで補強し、円滑な回転を得るようにします。パイプを立てる時は垂直の保持に最大の注意！

ピット内の円型レールはプラのダミーのままで構いません。

普通、模型のターンテーブルはこのレールを二つに割って⊕⊖を流し、これに転車台レールから伸びた集電ブラシを当てて、180°回転する毎に転車台レールの極性が入れ替わるよう作るのですが、転車台の回転角を規制し、完全に一回転させない今回のような場合、その辺りはずっと簡単に済みます。

つまり、基本レールと転車台レールを若干のゆとりを持たせて直接結線、ハンダ付けしてしまえば良いのです。

転車台本体は下路式のスルーガーダータイプで、これもプラの一体ダミーですので、これは両側のガーダープレートのみ切り取って用い、本体は別途適当な木板から切り出し、70mmに切ったフレキ線路を接着。

正しくセンターを出して2mm長ネジを立て、適当なスリップトルクを得るため、ワッシャーとコイルスプリングをかませてピットにはめ込んでみます。

周囲レールとの高さをワッシャーで微調整、更に、私は図の如き扇形の木板を切り出して、これをセンターの長ネジ下端に固定、これをレイアウトベースの外側から直接手で廻して転車台を操作する事にしました。（この扇形材を図では"手動操作板"と記してあります）

ひとつの大切な役目はポイントの代役で、数多く枝分かれした庫内線のポイントを整理し、スペースも大幅に節約出来る利点があります。

すでにお気付きの如く、タンクロコ専用のターンテーブルを別段ぐるっと一回転させる必要も無く、私はこの後者の役目を今回のテーブルに負わせようと考えているのです。

そして、その目的に特化するなら、ターンテーブルの構造・電気配線は大変楽になるはずです。バック運転

↑テストレイアウト全景。エンドレス内側に置いてある箱前の機関車は1970年代フランスの MAJORETTE というミニメーカーのプラ製ダミーロコ。

　配線もシンプルで，図で一目で御理解いただけるはずです。

　集電ブラシも，摺動接片も何も使っておらず，すべてダイレクト結線ですから，集電不良・不安定は起こりようもありません。ただし，これで360°グルグル廻して遊ばれると，裏の配線がこんがらがって切れてしまうので，レールの位置決め兼，回転角規制ストッパーを裏に設けてあります。

　これで，庫内の任意の1輌を引き出し，ロコを取っかえ引っかえ楽しめる訳です。

　むろん，小型DC・ガソの入換も楽しめましょう。

　"鉄コレ" 12m級動力ユニットがピッタリ載る事は，先刻確認済みです。

*

　私のレイアウトは現在，写真の状態までしか出来ていません。普通なら，ここらで，そろそろプラスターや発泡材で全面真っ白になってしまう頃ですが，実は私はこれが少々苦手なのです。

　強迫観念に襲われ，速くこの状態を脱して，先に進まないと…という想いが先走って，落ちついて運転も出来ないのです。

　しかし，今回はベース自体，エコロジーな（？）目に優しいグリーンであり，シーナリィ未成の現状でも，充分心安らかに運転を楽しめます。

　この色感・質感を極力生かし，残しつつ，街で何か使えそうなものを見つけた都度，ボチボチ買い足して完成に近づけていこうと思います。

　そのうち，イラストのような楽しい時代が来ないとも限りません。

　このような小鉄道，風景は遠い思い出の中に残るのみになりましたが，だからこそ，これからが模型の出番であろうと思う訳です。

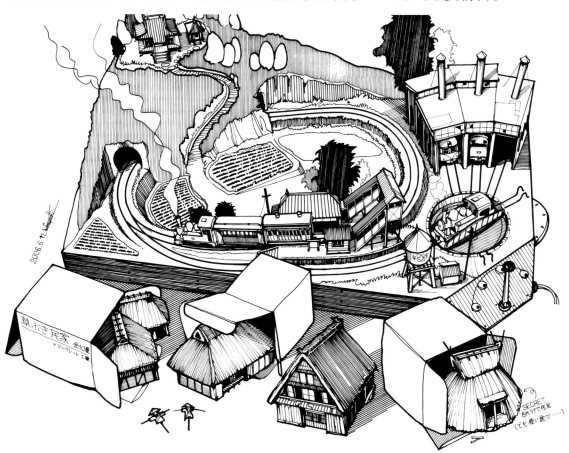

30×45cm レイアウト "レールバスの里"

レイアウト雑感――軌間9mm小カーブで遊ぶ

　或る秋の一日，小さなローカル鉄道を訪ねる旅に出ます。

　２輌連結のマッチ箱客車を，古ぼけたＣタンクが引っぱっていた頃，私は何度か，この鉄道を訪問した記憶があります。しかし，それは随分昔の話。最近の情報は，とんと伝わって来ません。

　でも，それが面白いのです。何があるのか，自分の眼でしかと確かめてやろうと思います。

　この鉄道への乗換駅は，山陽路の国鉄某中堅駅。急行列車も停まる長いホームの隅っこに，間借りするように乗り入れている今日の列車は，何と国鉄払下げのレールバス単行でした。

　おそらく，地理的にも，さほど遠からぬ木次線あたりの車のお古でしょう。これがもし，四国から流れて来た車なら，正面窓下に本物のバスそっくりの大きな銀色のバンパーが付いているはずです。

　乗車して待つ事しばし，軽いエンジン音と共にタイフォンひと吹き。ブルンブルンと車体を震わせて発車。走行感も，天井の低い室内のありさまも，ちょっと"鉄道車輌"の感じはありません。

　わずか十数km先の小さな城下町との間を往復するだけの鉄道には，丁度良い車です。

　海岸沿いに拡がる平野はすぐに終わり，北を指して進む線路はまもなく山地に入り込みます。

　この地方の背骨をなす険しい山脈は，すでにうっすら雪化粧しているのが車窓はるかに望まれますが，この風景に私は別の場所でも，確かに見覚えがあります。まるで，信州八ヶ岳あたりの高原風景にそっくりなのです。

　まぁ，それはさておき，レールバスは時々ガーガーと異音を発しつつも，結構快調に走りつづけます。何しろ古い車（実は30年前の旧製品）なので，余り文句も云えません。走っているだけで立派な事なのです。

←平野から山地に入り込んだレールバス。遠くの山脈はうっすらと雪化粧している。

探訪の旅

　紅葉のまぶしい鎮守の森の裏手をかすめ，ほとんど素掘りのトンネルをいくつかくぐり，割合大型のDC（これも国鉄払下げのキハ07と見た）などとも交換しつつ，機関庫のある目的駅へ到着。

　ホームの反対側には，南部縦貫タイプのレールバスが停っています。いつの間にか蒸機はすべて引退して，"レールバスの里"と化しているようです。

　通過して来た駅々のホームには，大きなのぼりが立っているのが物珍しいのですが，これはこの地方の習慣で，近所で秋祭りのある駅はこうして目印にしておくのです。

　お祭りの盛んな土地で，地元民でさえ，何駅の何神社の秋祭りが何日だったのか，覚え切れないのです。

　お祭りをハシゴして縁日・屋台を見て廻るのが，土地の子供達の大きな楽しみになっているようで，素朴なものです。

　今来た方を振り返ると，紅葉真っ盛りの山上には古城がそびえ，麓の段々畑は柿の実の朱にいろどられて仲々の眺め。

　この地方特産の巨大柿は直径30cmに達するものもあり，時々列車の屋根に落下して大穴を開けたり，ポイントの転換不能事故の原因を作ったりする困りものです。熟れて落ちる前に採って食べたら良いのに…と思うのは考えが甘いようで，試しにかじってみたら，まるでガラス玉のように硬く味気ないものでした。（実は柿の実は最大φ2のビーズ玉です）

　お城のある城山には後刻登る事にして，先ずは機関庫訪問。ホームから本線沿いに庫への引込線が伸び，分岐点には珍しいトンボ型の腕木信号機が見えますが，どうも我国のものとは様子が違います。

　近付いて子細に観察すると，基部にMade in Great Britainの刻印あり。立派な英国生まれの舶来品です。（長くストックしてあったJ.J.PのW

メタルキットの組立加工品）

　その先に小さな人力・手廻しのターンテーブルが見えるのは昔のままですが，やはり，どこを捜しても蒸機の姿はすでに無く，石炭台は取り払われ，水タンクも干からびています。

　庫内にはレールバスや，他にも古めかしい気動車の姿がチラホラ。蒸機の消滅は淋しい限りですが，私は

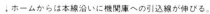

↓ホームからは本線沿いに機関庫への引込線が伸びる。

↑ターンテーブル上に引出されたキハニ5000。レールバス達に囲まれて…。

こちらの方にも大いに興味があります。

中に、何やら四角ばったリベットだらけのボディーが見えます。近付いて暗闇に目を凝らすと、何と国鉄気動車の始祖キハニ5000です。

四国の何処かに救援車代用になって1輛ひっそりと生き残っているらしい事は、風の便りに聞いていたのですが、何と物好きにもそれを廃車を待って引き取り、連絡船に乗せて航送して来たもののようです。会社に余程の気動車好きが居ると見えます。

もっとも、キレイに整備・再塗装されているのは外見だけ。すでに取り外され、架台のみ残っていたエンジン部はそのままで、早く再搭載・本格整備の上、営業運転に就く日が待たれます。(モデルも超旧作のダミイ、無動力)

庫の方の御好意で（もちろん私も手伝いましたが…）エンヤコラと手押しでターンテーブルに載せていただき、写真に撮れたのは大収穫!

やがて仕業から戻ったレールバス達が集まって来たその姿は、孫に囲まれたオジイチャン。幸せそうです。

　　　　＊

日も傾いてきました。あまり長居も出来ません。機関庫に別れを告げ、紅葉と夕日に赤く染まった城山に登ってみます。

山頂に建つのは小さな地味なお城です。しかし、この城は歴史上、一度だけ重要なシーンに登場して、人々の記憶に残っています。

遠い昔、南隣の海沿いの小藩のお殿様が、参府中の江戸でとんでもない事件を引き起こし、お家取り潰しの憂き目に遇った時、この城の殿様が幕府の命を受けて、城の明け渡し・引き取りの検分に派遣されたのです。

親交のあった隣藩の取り潰しに立ち合う事を命ぜられ、不本意にも兵を率いて出陣した殿様の心中は察するに余りあり、今もお芝居の名シーンとして人々の涙をさそうのです。

暮れ行く城下町には、古びたレンガの煙突から幾条もの煙が立ち昇り、今も地場産業のしょう油造りの盛んな事が伺えます。

清流に影を落とす白壁の土蔵群は、昔と少しもかわりません。

すっかり陽の落ちた町をあとに、今度は南部縦貫タイプのレールバスに揺られて帰途につきました。

途中、さまざまなタイプの戦前型流線型気動車と交換、すれ違ったような気がしたのは、疲れでウトウトしていた私の夢まぼろしだったのかも知れません。

ホームの端にポツンと立っていた麦わら帽の少年は、幼い日の私自身だったようにも思われます。

赤トンボ舞う山里に旧型気動車を追った、夢の1日でした。

*

さて，これは36頁から41頁において，途中まで製作をリポートした30×45cm（＋α）のNゲージ非電化ローカルレイアウトの完成した姿です。

もともと，サイズの割に種々困難の多かったミニレイアウトですが，更に加えて製造後30余年を経て，いささか不具合も目立つCタンクを押入れの底から引っぱり出しての運転には気苦労が絶えず，保守・交換パーツ（特にモーター）にも事欠いて，ついに無煙化を決意！（もともと煙は出なかったロコですが…）

レールバスを中心とした単行DCの，気軽なエンドレス運用にイメージチェンジしての完工となった訳です。

もとより，全体寸法・線路配置等レイアウトの基本部分に一切変更は無く，その辺に関してはすでに先稿に記した通りです。

径7cmの小ターンテーブルも好調に機能しており，蒸機なきあと，小型気動車用としても大いに有効に使える事，御覧いただいた通りです。

参考までに，完成に至る記録を，平面プラン写真として添えておきます。

ここでは41頁の完成予想スケッチと比べ，いささか変更点の多いストラクチャー関係を中心に追記，要点をまとめてみました。

山上の古城

先回，完成イメージイラストにあった山上の鎮守の社は地表におろし，かわりに，ささやかな日本の城を作りました。

昔，HOの小レイアウトを作った時，山の頂に古城が欲しくて，苦心のフルスクラッチを試みたものの，"1/80"の縮尺にこだわりすぎてどうしても全体バランスがとれず（当然の如く，大きくなりすぎた…），結局オクラ入り。その予定地跡に，小さな赤い鎮守の社を建ててお茶を濁した事があり，今回，そのリベンジのつもりで，あえて逆の事をしてみたくなったのです。

ちなみに，その時作った社は，「小さなお堂」としてTMS旧号に発表済。又，オクラ入りして，押入れでホコリをかぶっていた城は，引越しのドサクサで廃城・取り壊しとなりました。

明治維新の時もそうでしたが，大きな歴史・人生の転回点では，仲々文化財の保護と云った事まで手が廻らず，貴重な品々が失われていきます。（実感…）

さて，今回作例の城は，少し専門的に云うと自然石を「野面積み（のづらづみ）」した，古様，野趣に富んだ石垣の上に建つ「山城」で，険しい地形を生か

（平面プラン写真による製作工程）

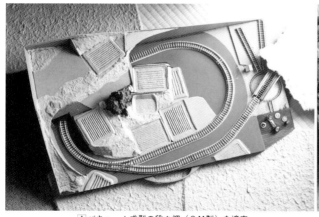

① バキューム成型の段々畑（GM製）を適宜配置し，枯草色の和紙をちぎって貼り重ねる。

② 植樹開始。濃いグレイの樹木は百均のプランター表面のコケをそぎ落して利用。

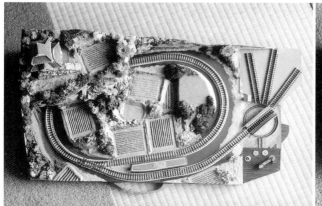

③ 山上の天守完成。地上の鎮守の森の丘部分のベースも整地完了。小さなホームも出来ました。

④ 鎮守の社と機関庫完成。紅葉の赤はほとんど熱帯魚用の人工水草を供用。あとは，背景板（高さ20cm）を付ければ完成。

し防衛線を構成しているので、「お堀」はありません。

天守は「望楼型」の古いタイプで、丁度、入母屋造りの屋敷の上に、物見ヤグラを立ち上げたような姿をしています。

「望楼型」に対する天守のもうひとつの形式は「層塔型」で、こちらは丁度五重塔のように、一定の減衰率で規則正しく何重にも屋根が重なって見えるものです。（イラスト参照）

両者は建築としての成り立ち・構造が根本的に異なり、模型の城をデザインする時に唯一最大の留意すべき大切なポイントとなります。作例の如き望楼型の小天守は、戦後のコンクリート製模擬天守などでも仲々人気のあったデザインで、てっぺんを展望台にして、手すり（高欄）越しに町を見下ろす絶好の町おこし施設になっているようです。

階下は郷土博物館・歴史資料館になっている例をよく目にします。

私のも、あえて"古城"と云う程の風格もなく、そんな施設のひとつと見ていただいても一向構いません。

最上階回廊の幅は、意図的にかなりゆったりとってあります。城下はお祭りの最中、祭り帰りの浴衣掛けのフィギュアをここに鈴なりに立たせてみるのも楽しそうです。

さて、もう少しマジメに、私の模型作例のお話をします。

先の仮空紀行から、この城のプロトタイプを兵庫県西端の龍野城だろうとお考えになった貴方、仲々の歴史通とお見受けします。

赤穂の開城、受取りに出立する龍野の殿様と、その家来の様子を再現した武者行列は、桜の咲く頃、今はひらがなの「たつの市」になって、何だか気合いの入らない（失礼！）龍野の町をねり歩いて、季節の風物詩になっています。（城主・脇坂淡路守は大体、その時の市長さんが演じます）

しかし、私の城は全くのフリーランス。どんな小城も、この30×45cmのレイアウトには大きすぎます。

一応、作例の展開寸法図と組立図解を添えておきます。工作用方眼紙で作った芯に、いろいろな材料を貼り重ねて作ってあり、その様子は写真1〜4に示す通りです。

写真1は、さまざまなモックアップを作っての検討風景。

先のHOレイアウトでの失敗にこりて、あえて実物寸法資料等を手許から遠ざけ、イメージのおもむくままに切ったり貼ったり。

時々、実際山上に置いてバランスをチェック。

写真2で、本体芯部（パーツa〜l）の切り出し完了。その組立は先に図に示した通り。

写真3で、芯材表面にいろいろ貼って、だんだん重厚なお城らしく装っていくところ。今、園芸用の小石を貼って石垣部を仕上げています。

写真4は、当初のモックアップを並べた完成品。一廻りサイズアップしたように見えるのは、いろいろ貼って全体寸法が肥大したから。つまり、屋根は「Zファイル」の表紙の波板（以前書きました）で厚ぼったく本瓦風に見せ、壁面には狭間（さま＝銃眼）をうがった厚い白色ボード紙を重ねて重厚な土壁を表現、石垣（天守台）には自然石をすき間なく貼りつめて、芯のボール紙をすっかり隠してしまう訳です。

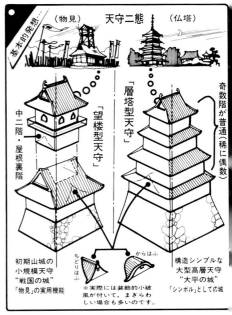

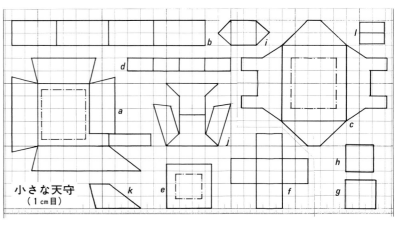

写真1

写真2

「小さな天守」製作工程

写真3

写真4

　写真4では更に,手前に一般的なNゲージ商店を並べて,サイズ感のバランスを見ています。

　いくら小さ目に作ると云っても,人が入れないようなミニチュア天守にはしたくなく,(それなら市販の1/350くらいのプラモのお城で事足りる訳です)作例も一応,中二階のある「二層三階」と考えても一階分天地約3m(模型で2cm)を確保しており,写真の如きバランスを保っている訳です。

　お城と云うのは,屋根が三層になっているから内部も三階かと云うと決してそうではなく,例えば姫路城大天守は「五層七階」と表記されるのが普通(市の公式資料はすべてこの表記)です。

　一層分の高さが大きいので内部を更に仕切ったり,大屋根の屋根裏がそっくり一階分あったりします。

　その一階分でさえ,一般民家とは比べようもない天井の高さで,やはり私のは極小天守なのかも知れません。貧乏なお殿様なのです。許して下さい…。

　あと屋根に,モックアップの時のように,もう少し優雅な曲線が付けられれば良かったかな? と思いますが,これは瓦材との兼ね合いで,仲々むつかしかったのです。

　もっとも国宝級の城でも,例えば松本城のように質実剛健・直線的なものもあり,この辺は発注・施工主であるお殿様の個人的趣味・好みの問題なのかも知れません。

　屋根の曲線美が売り物の姫路城の殿様には,ちょっと「軟派」系の人も居たようで,ある殿様は参勤交代で江戸滞在中に深い仲になった吉原の某有名おいらんを2500両で身請けして国元に連れて帰り,城内の御殿に住まわせていたのが幕府にバレて,石高を半分に減らされた上転封,雪深い北国に去って行きました。(すべて実話です!)

　地元では"風流大名"と呼ばれるこのお殿様は,今も続く「ゆかた祭り」の創始者としても知られ,市民に愛される存在です。黄門様なら多分許してくれたのかな? とも思います。

鎮守の森と社

　鎮守の敷地全体は,この地方の例にならって一段高く丘(台地)状に整地,その上にグリーンマックスの

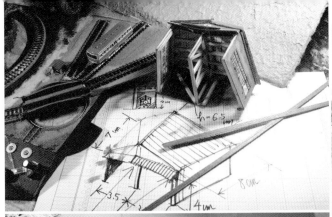

a	c
b	

「機関庫」
製作工程

古いペーパーキットを組んだお社を建てました。

このキットは，そのまま組んで一般的なNレイアウトに適寸のものですが，今回のレイアウトは余りに小さく，他の建物（特に城）とのバランスを考え，80％縮小カラーコピーにとって，これにケント紙で裏打ち，それを切り抜き組立てました。その様子が前頁下の左写真です。

完成したお社を，Nサイズのバスと並べてバランスを見ているのが同右写真。これで，別段何の問題もなさそうです。

ちなみに，お社の屋根平面寸法6×4cm，必ずしも枝振り良好とは云えないぶっきら棒な御神木の樹高10cm。赤いのぼりもちゃんとキットに印刷されています。

尚，このペーパーキットは20年程昔の「GMマニュアルVol.1」の裏表紙にフロクとして印刷されていたもので，私の手許にも1冊しか残っておらず，オリジナル保存の意味からもコピーで製作したかったのです。

誰が作っても屋根のカーブが美しくきまるよう良く考えてあり，先のお城の屋根なども「瓦」の事さえ考えないなら，このくらいのカーブを出すのは，別段ワケもない事なのです。

御神木は一目で判る通り，本物の小枝にライケンを突き刺しただけ。全体写真に見える背後の真紅の森は，熱帯魚の水槽に入れる人工水草（アクアプラント）です。

機関庫

これもイメージイラストから相当変わりました。

小なりといえど，いっぱしの「扇型庫」の形をとっていたものが，殆んど"掘立小屋"に格落ちしました。

レイアウト製作の一番最後の方になり，息切れしたのと，どうせディーゼル用なので，あえて蒸機全盛期の"Round House"のイメージ・スタイルにこだわるまでもなかろうと思ったのです。

不定・不規則の平面上に，図面も起こさずほとんどスケッチ1枚から作り上げてあり，その様子が写真のⓐ。一応完成して置いて見たのがⓑ。背景画や細々としたアクセサリィの効果が良く判るⓒが最終完成状況。（2006年夏現在）

右側に写っている1本足の給水槽ともども，ペーパーと角棒のオーソドックスな作りです。

＊

小さなレイアウトなので，もう書く事もありません。

と云うか，こんなちっぽけなレイアウトをネタに，よくもこれだけ書けたものと思います。

でも，小さくとも，名所・名物・物語りのたくさんあるレイアウトは楽しいものです。

時に，ちょっと"バカ"になって，うんと遊んでみるユトリも必要かな？　と思います。

そして，そのついでに，見る側の人にも大いに楽しんでもらいましょう。

その時，今回の私の如くに，作者自身が押し付けがましく百の言葉をつらねて語るよりは，見る人がおもいおもいにイメージをふくらませ，一人ひとり自由な物語りが思い描けるようなものであれば，その方がずっと素敵だと思います。

その時，レイアウトは，総合的な立体造型芸術になるのだと思います。

－おしまい－

第2章

フリーランスの愉しみ

世の中，仲々自分の思うようにはいかぬ事ばかり。
でも，模型の国では貴方が主役。誰もが貴方の言うなりです。
貴方は鉄道経営者であり，技師長，チーフデザイナー，
そして忘れてならない運転指令でもあるからです。
(だから鉄道模型は面白いのです…)

海へ向って走る小型電車
銚子電鉄ムードの12輛
―― 中央電気鉄道（CDK）の車輛たち ――

レイアウトの夢を託して作ったペーパー製小型電車のバラエティー。HO入門者も手軽に車輛工作の楽しさが味わえる製作ノウハウも…。

レモン色の電車を見送り曲りくねった跨線橋を渡れば下に細い中電ホーム…

　海に向うレモン色の電車に乗って，都会のターミナルを離れます。ビルの屋根がだんだん低くなって，やがて緑の田園が拡がり，風の色が変りはじめる頃，電車は，とある乗換駅に停ります。
　急行ならそのまま半島先端の有名な観光地まで突っ走ってしまうのですが，今日はひとつ，ここで途中下車して，小さなローカル電鉄の旅を楽しむことにしましょう。
　この駅からほんの数キロだけ，海に向って走り，あまり知る人もない小さな漁港の町までをのんびり往復しているのが，御紹介する中央電鉄（CDK）なのです。

　走り去るレモン色の電車を見送り、少々曲りくねった跨線橋を渡って、一段下の中電(Chū den)ホームにおります。
　こちらは駅の裏手に当り、どう見ても間借りの日陰者といった風情のうら淋しいホームですが、これでも朝夕のラッシュや海のシーズンには、こぼれ落ちそうになる人であふれることもあるのです。
　ちょうど、最古参のダブル・ルーフ車の2連がのんびりと客待ち中。
　乗り込んで待つことしばし、やがてガラガラと大音響とともに扉が閉まり、タイフォン一声、モーターのうなりも高らかに発車です。
　しばらく平凡な田園風景の中を、いくつかの無人停留場をたんねんに停りながらのんびり走って、やがて突然、岬のトンネルに入ります。
　ひんやりした短いトンネルを抜けると海！　視界がパッと開け、明るい車内に潮の香が漂います。
　電車は波の打ち寄せる崖の上を、山肌にへばり付きながら走っているのです。
　眠ったような小さな漁港を見おろしつつ、ゆるやかにカーブを下って、もう終点は間近かです。

　さて、終点の港町は、かつては「風待ち港」として栄え、少しは知られた古い町でした。
　帆装の貧弱な和船の時代、順風を待って何十本もの帆柱が林立したと言う港も、時が進み蒸気船の時代をむかえるとともに往時の繁栄を失い、町は陸の孤島と化していくのでした。
　これではならじと地元有志が一致協力して開通させたのがこの中央電鉄なのです。
　終点は、開業時の意気込み、この小鉄道にかける地元の熱気を今に伝える立派なレンガ造りの、小規模ながら当時としては時代の先端をいく「ターミナルビル」です。しかし、それも今はすっかり古びて、開業当時、住人のどぎもを抜いた階上の「電鉄百貨店」も、今は進出して来た大手スーパーに押されて閉めてしまいました。
　創業時、省から払下げを受け、電車に牽かれて活躍した2軸のマッチ箱客車も、今は足をもがれて物置きと化しています。
　こんな、時代に取り残され、眠ったような小電鉄の最近のビッグ・ニュースは、新車3000系の登場で、線路条件の制約から相変わらず12m級の短軀ながら、3輌固定の高性能カルダン車の登場は、いよいよこの鉄道にも新しい時代の波の押し寄せたことを感じさせます。

　昔からこんな小電鉄のレイアウトを、サブロクベニヤの上に作るのが夢だったので、一応、最小通過曲線R400くらいを目標とし、全長15cm(12m級)を限界とするミニ電車のオンパレードとなりました。長年のつもりつもったパーツのデッドストックや廃車発生品ジャンクの有

51

効利用を兼ねて，ここ数年の間に作りためた1ダースです。

とんでもなく古いパーツ，特殊な外国型パーツなども平気で使っていたりして，いまさら発表するほどのしろものでもないのですが，現在はそれらに替わる優れたパーツもたくさん売られていることですし，本当に肩の凝らない気楽なペーパー工作の楽しさを再確認していただけたら……などと思ってお目にかける次第です。

現有車輌の紹介

■モハ501＋クハ51＋モハ502

本家本元ＣＤＫ（銚子電鉄）501のセミスケールの小型モハ2輌の中間に，ガソリンカー改造を想定した超小型のクハがはさまった編成です。もちろんＭ＋Ｍ重連やＭ＋Ｔcに短縮して運用されることもあります。

この辺がいちばん最初に出来たグループで，当初は本当に銚電の編成を作るつもりで，塗色もレタリングも実物に準じたものにしていたのですが，いろいろ作り進むにつれ純然たるフリーの方が多くなり(私の悪いクセ)，いつしか表題のごとき架空の小電鉄へと変身していったわけです。

501の方が動力車で，サガミのカンモーターを（連動ギヤーフレーム）に垂直に取付けたウォーム1段，台車は古いつぼみ堂のＭＣＢで軸距25mmです。

502は屋上をのぞいてほぼ同型のトレーラー。台車はこれもつぼみ堂のブリル系ドロップ台車ですが，軸距はぐっと小さく19mm（本来トロリー用）です。こちらの方が車体とのバランスはとれているようですが，動力化がむづかしくてトレーラーとしました。

小柄なクハはまったくのフリーで，本当に余り物の寄せ集め。台車は貨車用アーチバーをはかせています。

私のペーパー技法などについては，この501を例に，後ほどまとめて述べることにいたします。

港町のターミナルステーション

モハ501＋502の2連。このほかクハを増結した3連も楽しめる。

■モハ301＋モハ302＋クハ74

この鉄道最古参を想定した小柄ながら重厚なダブル・ルーフ車群で，背中合わせの片運モハ重連に，ときどきクハが増結されるかたちをとります。

その昔，飯田線で見たＷ屋根のクハ18（元クハ77, 17mのクロスシート車）あたりがイメージの源となってい

るのですが，まぁ，純然たるフリーと見ていただいても構いません。
　車体更新でノーシル・ノーヘッダーとすっかり近代化されている302号に対し，クハの74号は製造当初の原形をよく留めています。301号はその中間くらいと言ったところでしょうか。

　その301が動力車で，古い輸出用インタアーバンの台車にＤＶ18を組み付けたウォーム１段。軸距28mmのこのドロップ製台車，省のＤＴ10をそのまま一まわり小柄にスケールダウンした感じで，重厚なボディーとよくマッチしているのですが，なにしろ，ギヤーも車輪もジャンクの寄せ集め，少々走行音が高く，車体が震えるようで

モハ502＋クハ51＋モハ501 　モハ501，502は本家銚子電鉄501のセミスケールモデル，中間のクハ51は同系列のスタイル

モハ301＋モハ302＋クハ74 　ＣＤＫ最古参を想定したダブルルーフ車。更新でノーシル・ノーヘッダー化されたモハ302

　す。
　302は301をさらに窓ひとつ分詰め，やや近代化した超小型車。台車もぐっと小柄なだるまやのトロリー用で，古いつぼみ堂の大型パンタ（同社のＥＤ25凸電から外したもの）と相まって，少々漫画的ないでたちとなりました。
　増結用のクハ74号は，少なくとも車体に関しては，この3輛中いちばんまじめ（？）に作ってあり，扉間2-2-2の窓配列はクロスシートの存在を感じさせ，何となく乗ってみたくなるのですが，足まわりが，いかに流用パーツとは言え，コンテナー貨車用のボギーはいただけません。（天賞堂の古い製品に付いていたドロップ製パーツで，パーツ自体はたいへん良い出来）
　スポーク車輪付のＭＣＢにでも取り換えればバッチリ決まると思うのですが，万年赤字の貧乏会社のこと，いつになるやら…。
　これら3輛は，西武の旧型車風に塗り分けた正面デザ

モハ301，302，クハ74の正面は西武旧型車調の塗り分け

3000系　モハニ3003＋モハ3704＋クハ3004

ながらフリーの短縮版に対しクハ74は原形に近いイメージ。

インに各々変化をつけて、その表情を楽しみました。

■モハニ3003＋モハ3704＋クハ3004

　新鋭カルダン車の3連。おそらくはこの鉄道創業以来の新造車入線です。

　12mの短軀ながら、一とおりの流行装備を採り入れており、唯一の難点は正面デザインにあまりオリジナリティーの感じられないことです。この、どこかで見たような顔は京急800用フロントマスク（ロコモデル）流用というわけです。

　いろいろ試作的要素の強い車らしく、足まわりもクーラー等屋上機器も、よく見ると3輛すべてバラバラで、現場の保守整備の苦労が思いやられます。

　台車はモハニのミンデン、クハのアルストームはよいとして、中間モハの東急5000系用TS301は平成の新車としては少々古いようで、軸距31mmがいかにも大きく感じられます。その中間モハ（3704号）が動力車で、これもタテ型モーター、ウォーム1段のノーマルな駆動方式。モーターは、DV18にL-3のブラシを組み付けたような折衷設計が妙に印象に残る古いTER製の5溝型。小型ながらタフで、およそ20年を経た今日も全く快調に廻ってくれ、この新型車にふさわしい軽快な走行を見せてくれます。

　編成としてのアクセントとなるモハニの荷物扉は、何と古い0番電機のベンチレーター用波板。これをシャッター式巻上げドアーに見せているわけです。

　なお、この荷物室は、ここCDKでは「鮮魚室」と呼ばれていて、地元のおばさんたちが町へ魚の行商にいくとき、少々生臭い大きな荷物を置いていくのです。

■単行，増結用両運車群　モハ101，モハ201，モニ2

　101はトラクションモーター装備の単行専用車。501,502と同系の車で、扉間の窓がひとつ多くなっています。やはり、モーター特性もギヤー比も異なるタテ型モーター＋ウォーム1段の車とパワトラ車の協調運転は相当困難で、専ら単行専用でカタンカタンと軽快に走っております。

　これでもワフの1輛くらいは充分牽けると思うので、いずれ相手を作ってやるつもりです。

　台車はだるまやのMCB、これの一方にカツミのユニバーサルトラクション（軸距可変型）1台を組み込みました。

　201はモーターなしの増結専用車。タテ型モーター＋ウォーム1段動力の編成は3連程度では力が余っているので、こんなダミーの両運モハを作っておくと、気分に応じていろいろ変化に富んだ編成が楽しめます。

　モダンなスタイルと塗り分けでお察しのとおり、基本的には3000系への併結をもくろんだものです。

京急800の正面を移植した新鋭車。12mの短軀ながらひととおりのの流行装備を採用、モハニはシャッター式の荷物ドアーを備える。

モハ201を増結した3000系

モハ101　501, 502に左右各1個の窓を追加したタイプ。塗装の色分けは逆転。

モハ201　切妻両開き3扉車，ドアー間窓1個とユニーク。モーターなしの増結用。

国電クモユニ74もどきの切妻高運転台の前面（小高のパーツ）に両開き3扉のボディーは，当鉄道中もっとも都会的センスを感じさせ，ラッシュ時の活躍が大いに期待されたのですが，クーラーを装備しなかったのは大誤算で開閉可能な窓が片側2枚では夏の車内はさながら蒸風呂，屋上のグロベンから湯気の立ち昇るのが見えるとのウワサです。

3000系新製のとき，手持ちクーラーのストックを全部使い切ってしまったのが原因で，早期の冷房改造が待たれます。

台車は米国型蒸機のテンダートラック（!）。コロ軸受，オイルダンパー付のこの台車，意外に乗り心地良さそうで，充分高速（？）走行に耐えるものと思われます。米国では200km/h走行のメトロライナーでさえ，こんな感じのイコライザー台車をはいていましたから，まあ，この辺はお国ぶり，考え方の差なのでしょう。

それにしても1/80の車体に米国型1/87の台車はよくつり合いがとれて，この辺のサイズのバランス感はなかなか絶妙と思います。いまさらながら，「16番」の国際性，先見性を思い知らされます。

モニ2は平凡な2軸電動貨車です。窓のない車体の中央に荷物ドアー，こんもりとした深い屋根の少々陰気な車で，明るい塗り分け塗装で救われている感じがします。

台車およびビューゲルはカワイの市電用ですが，モーターは大型蒸機用の古い棒型モーター流用で，斜めに寝かされて片軸をウォーム1段駆動。モーターがモーターなので，単行専用がもったいないくらいの重厚な走りを見せます。

以上がCDKの現有車輌のあらましです。

私のペーパーボディー工作法

ペーパー工作は，他の工作ジャンルに比べて技法の個人差が大きく，それが作品の個性としてストレートに現れるように思われます。

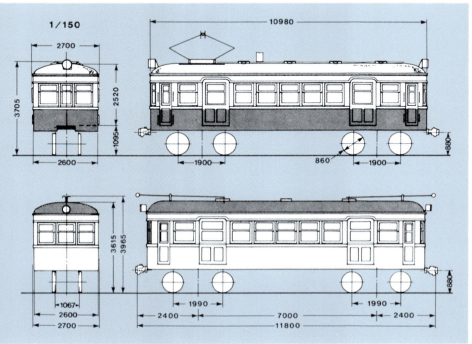

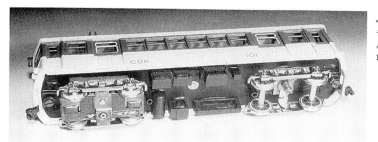

←ユニバーサルトラクションを組込んだ単行専用モハ101の下まわり。

単台車，ビューゲル付の貨物電車モニ2

基本となる素材の紙の選択から始まり，窓抜きの方法，接着剤の好み，下地のつくり方から仕上げ塗装まで，まさに十人十色，そんな作品の個性を楽しむのが私は大好きでした。

59頁の図に示した工作法も全く私の個人的なもので，かなり普通と違う，ひとりよがりのところがあるかも知れません。しかし，近頃あまりベーシックなペーパー工作のことなど書いた記事も見かけないようなので，一応私のモハ501を作例として選び，順を追って述べてみたいと思います。

この車輛のプロトタイプは，小型電車を得意とした日本鉄道自動車（変な名前のメーカー！）の一連の規格製品の中でも最小型に属するもので，左頁に掲げた形式図のうち，上が銚電501の原型たる上田丸子のモハ2320形，下のポール付の方が北陸鉄道のモハ1001で，こちらもなかなか好ましいスタイルをしています。（集電装置の差が同型車体の印象をこんなにも変えてしまう好例）

私のモハ101のように扉間の窓をひとつ増やしても実例がありますし，さらにもっと大きいのもありますが，そうなると，もう平凡なただの電車です。

さて，私はこのような小型の丸妻車の場合，側板〜妻板を全部ひとつなぎにケガいてしまうこともあります。車体角のRがキレイに出て，しかも継目が目立たないからですが，もっと大型車なら乗務員扉のところで継ぎますし，平妻車なら当然四面をバラバラにケガきます。ケース バイ ケースです。

紙は身近かに良質のものがあふれており，冗談でなく本心から省資源の願いを込めて，各種空き箱，パンフ，ダイレクトメール類など何でも廃物利用します。

近所の文具屋さんで普通に売っている『白ボール』より明らかに上質のものも多く，普段からその気になって各種ストックしておけば，0.1mm単位くらいで微妙な厚さ，腰の強さのものを任意に選び出すことができます。

あえて大きな画材店まで出向いて専用の紙を選ぶのなら，厚手（0番クラスのボディー用）でスノーマット，中くらいの厚さ（普通の外板用）ならアイボリー紙，薄手（内張り窓枠用）ならアートポストと言ったところでしょうか。

新品の紙は白いので，ケガキしやすいことだけは確かです。

以下，図解の番号順に組立のあれこれを…。

① 窓抜き（私はほとんどカッターナイフを使用）の済んだ外板の裏から，まずドアーを貼り付けます。少々のディテール，寸法の違いには目をつむって，極力市販の金属パーツ流用で車体強度の確保をはかるのが賢明でしょう。

② ドアー間を埋めるように内張り（窓枠板）を貼ります。窓枠は貼り合わせてから抜いた方が良く合うと思います。丸妻の場合，妻板部の内張りは，この段階ではまだ行ないません。

③ ぐるりと曲げて箱状にします。妻板部は適正なRをつけた後に内張りをほどこします。こうしないと窓枠にまでRが付いてしまって正面窓が全部曲面ガラスになってしまいますし，また，私のように組立に木工用瞬間接着剤を多用した場合など，貼り合わせてからではキレイに曲げられません。

腰部の内側一面にベッタリt1.2程度のプラシートを

57

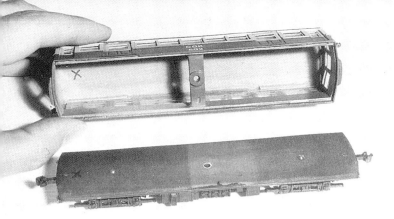

↑モハ502の車体内部を見る。他もこれとほぼ同じ。床板はベーク製。
貼って補強とします。

　これで金属ドアーは完全にサンドイッチされ、はがれることはありませんし、また普通の角材による補強より車体内幅が確保できてカーブでのモーターの当りに対し有利です。塗装後厚手材料のガラス（私はt1.0程度の硬質塩ビの透明下敷き愛用）を貼れば車内壁面もツライチとなってスッキリし、シート取付等にも便利です。

④　屋根板は市販木製品利用で、まず幅を正確に仕上げます。

　501号の場合は32mmなので、34mm幅のカワイ製品の両肩を少々削る程度で済みましたが、もっと大幅に詰めるときは、両肩を削り込むより、むしろタテ割りにして、中央部を抜いた方が楽な場合もあります。この方法で行なうと屋根板自体のねじれもかなり修正できます。

　ペーパーキットやペーパー製特製車輌を発売している模型店には、いまでも各種屋根板が置かれていることが多いようです。

　先に出来た側〜妻板を、細い角材を介し屋根板にベッタリ貼り付け、乾燥後、出っ張った前後を切り落します。この段階で妻のRが最終的にきまるので慎重を要します。

⑤　屋根端部をナイフ→ヤスリ→耐水ペーパーの順で整形し、下塗りをくり返して仕上げます。

　主にプラモデル用に発売されている各種のスプレー缶タイプのサーフェーサーがとても便利で役に立ちます。

シル、ヘッダー等細い紙帯の接着には、私はクリアーラッカーを用います。

⑥　ライト、ベンチレーター等車体用ディテールパーツや床下機器類は、現在では選択に迷うほどの種類が売られているので、全体のバランスを考えた上で御自由に！

　私の作例は屋上機器等手持ちパーツ流用でフリー化してありますが、図は銚電501のように描いておきました。すなわち、ランボードをはさんで片側ガーランドベンチレーター4個ずつ、避雷器は旧式の角型使用です。

　なお、アンチクライマーを付けた車の多いのは、単なる私の好みからです。

　仕上げ塗装については、私の作品はほとんどプラ用スプレー缶の吹付けなので、特に書くこともありません。

　フリーランスを作っている限り、色数にまず不自由はなく、ツヤの調子も最終的なコーティング塗料（グンゼのトップコート等）で自由に調整できるわけで、本当に便利な時代になったものと痛感します。

　ただ、ペーパー製と言えども、金属製ディテールパーツ多用のときは、下地にメタルプライマーを一吹きしておくことをお奨めします。

　最後に動力車の断面図を付けておきました。図を補足すると、床板は私の場合、木よりもベークライト材使用が多いのです。カッチリとして強度が高く、塗装仕上げも楽です。

　在来型動力方式の場合、モーターをいちいち連動ギヤーから取り外したり、配線を切ったりすることなく、中心ピン1本で動力台車が簡単に抜き取れるようにしておくことは、メンテナンス上重要と思います。

　床板に開ける穴の形、大きさ、配線の処理に頭を使うところです。

　最後になりましたが、私のカプラーはすべてカツミ／エンドウのナックル自連型（アゴの固定したダイカスト製品）、大きく首を振らせて、急カーブ通過に備えています。

　皆様もジャンクボックスの中にこんな電車の1輌や2輌作れるくらいのパーツストックをお持ちではないでしょうか？

　少年の日々に戻っての気楽なペーパー電車工作は、私にとってはなかなか楽しいものでした。

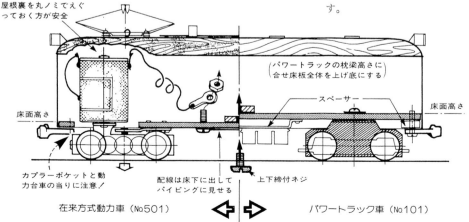

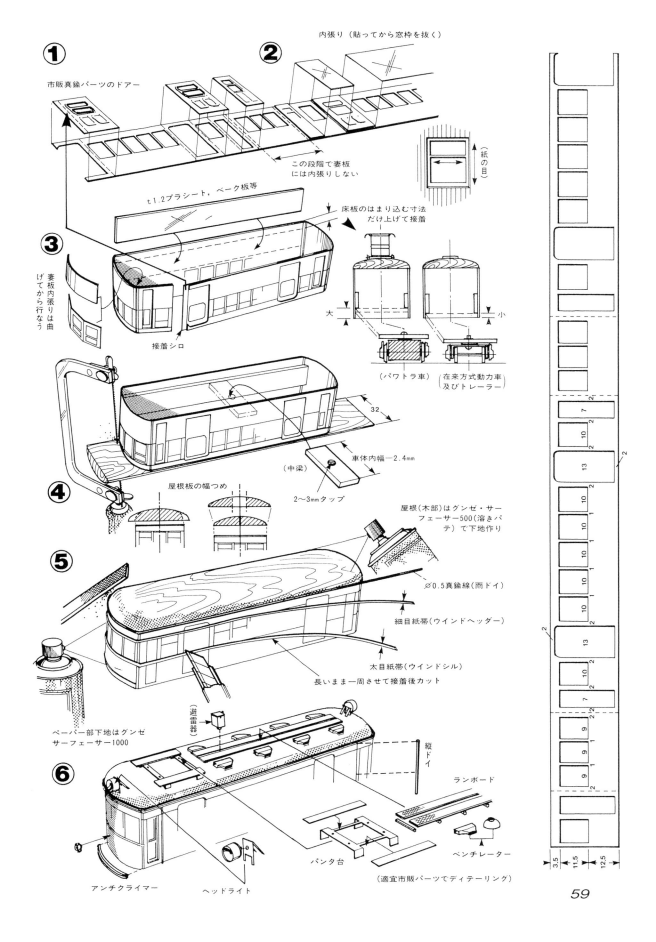

フリーランス雑感

―あなたの青大将編成に―

密閉式展望車を！

　東海道の客車特急「つばめ」「はと」は，全線電化を機に，ロコも客車も明るいグリーンに塗り替えられ"青大将"の異名をとったのは有名な話。

　実際は昭和31年の電化完成から昭和35年の電車置換えまで，わずか5年間の活躍に終ったこの列車はしかし，明治以来まっくろけに終始した国鉄客車の塗色に新風を吹き込み，おくればせながら，ロコも含めた編成としてのトータルコーディネートの考えも採り入れて，今も人々の記憶に残る存在です。

　今考えても，シックでエコロジーな素敵な色です。

　当時，客車はまさに戦後の技術革新の過渡期。一部戦前派も交えた重厚なヘビー級客車編成は，新設計の軽量車の誕生を待って，食堂車，特ロと次々新車に置き換えられていき，末期には編成前半の三等車群（スハニとスハ）と後半の優等車（オシ，ナロ）で全くデザインの異なるチグハグ編成となって，塗色の統一で，かろうじて"編成美"を保っていた訳です。

　そして，その編成尾端を飾るのは，"超"の付くオールドファッションのオープンオブザベーションのマイテ。

　真っ先に新車に置き換えられてしかるべき（何しろ，最高額の特別料金ですから…），この一等展望車が，最後まで，一部Wルーフ車も残して全車戦前派に終始したのは，当時からファンの間で，いぶかり，揶揄する声も多かったのです。

　すでに国鉄部内では，電車化の計画（のちに"パーラーカー"として結実）が着々と進んでいたのかも知れないし，需要わずか数輌の特殊車種に多忙の設計スタッフを割く余裕がなかったのかも知れません。旅客車近代化の真最中です。

　漏れ伝わる"密閉式展望車"計画は，どれも，どことなく"おざなり"で，少なくも天下の東海道の客車特急の尾端を飾るに適わしいものとは見受けられませんでした。幾星霜が流れ，平成も22年の暮，TMS2011年新年号到着。

　私は"製品の歴史"カラーページをめくった途端，体中にビビッと電気の走るのを感じました。オーバー

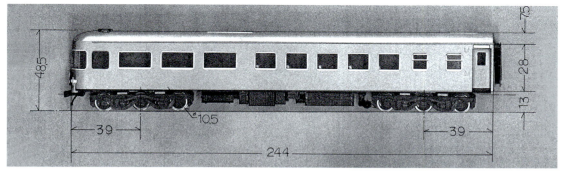

な表現ではありません！

　私の長く捜し求めていたものが，そこにあったのです。不勉強にして全く未見，未知の製品でした。

　0番KTMの中型軽量客車シリーズ中の自由型密閉式展望車です。

　この製品に想を得て，私は自らの旧作HOの青大将編成の展望車を，新鋭の密閉式に置き換える決心をしたのです。

　作例は2011年正月休みに"爆発的"に作り上げたもので，この製作の顛末を皆様にお伝えするのが本稿の主旨です。

──────・──────

　アメリカの貨物列車ファンの"カブース偏愛"よろしく，やたら展望車のスペアのみ多い私の青大将編成は，1960年代からの客車製品コレクション（ブリキと真鍮製）に，1970年代以降，一般的な金属キットの組立加工品を加えた，年季の入った重量編成で，最後尾展望車の重さ，三軸トラックの事もあって決して走行快調とは云えず，長い年月の中，殆ど編成走行していません。

　古い三軸台車自体のポイント脱線に加え，展望車がブレーキ，ネックとなっての中間車の浮き上がり脱線など，編成としての重量バランスにも配慮を欠いて，単なるコレクションに留っていたのです。

　その経験を踏まえ，私は新・軽量展望車を，低重心ペーパールーフのオールペーパーボディーで製作しようと思います。

　"青大将"は，いつも展望車が最後尾。

　本務機の機廻し，前後の付け替えをしないスペシャルな編成です。

　（実物はデルタ線を大きく廻って編成丸ごと方転していたのは有名）

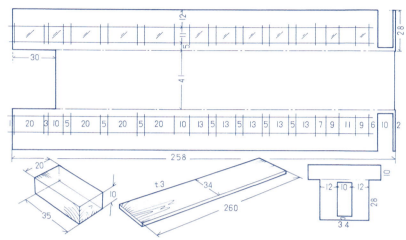

　デザインの基本を先述の古い0番フリーランス製品に倣いつつも，もちろん20mのフルサイズに延長拡大，各部の設定にも充分のスケール感を持たせてあります。

　以下の気軽な製作レポートが皆様の青大将編成の近代化のお役に立てば幸いです。

　台車等，旧作展望車より転用して"車体更新"とシャレてみるのも，本車のコンセプトにぴったり。

　本当にあり合わせの材料でカンタンに作れます！

密閉式展望車の実製作

　仕上り寸法を完成作品のダイレクトコピー上に示し，又，主材料の寸法図を掲げます。

　車体側板〜屋根／妻板は普通の白ボールや工作用紙で充分。但し，実車のグリーンに近い色の空箱でも見つかれば，その方が一層好都合です。（後に詳述）

　木の材料も，百均のアガチス系のもので充分。

　足まわりパーツは手持ち流用として，あと，透明塩化ビニールの下敷き1枚が必ず必要になります。

　以下工程写真に沿って──。

〈写真1〉

　外板材料の厚紙に窓を抜いたところ。

　私の通例としてウラからケガキ，先に窓のみ抜いて，未だ外周は切り出していません。

　この段階で屋根裏の曲げ補助の筋付け（出来るだけ細かいピッチで！）をして，実際に軽く屋根を曲げて様子を見，しかる後に外周を切り出しました。

　云う迄もなく窓スミはすべてR付。その切り出しに使った半丸刀とカッターが下に転っています。

　丁度ピッタリの感じの淡い青緑の

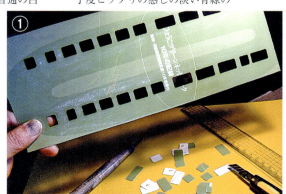

厚紙は，町の図書館のリサイクル図書の中で見付けた何か行政，環境事業資料の表紙。

〈写真2〉

切り出した車体材料の屋根の部分を残し，両側板裏側に上質の白ケント紙（アイボリーケント等）をぴったり貼り重ねます。窓枠用内張りです。

この時，側板外板の窓廻りを中心に，軽く仕上げ色のグリーンを筆塗りしておきます。

ケントの白は最後まで残って，アルミサッシの表現になるのです。

グリーンの塗料は，もちろん手持ち編成に揃える訳で，作例はマッハの調色ラッカーです。

ここで窓枠を抜きます。

客窓は下辺に白を大きく見せ，他の3辺は外板ギリギリに切って，わずかに白いラインがのぞく程が良いのです。それが初期軽量客車の特徴です。

後部の小窓は中程に桟のある二段窓。

これはWC／手洗，又，車掌室，給仕室となり，WCは男女を分けたり，又，和洋2タイプの設置を考える等，いろいろインテリアの工夫のしどころとなります。

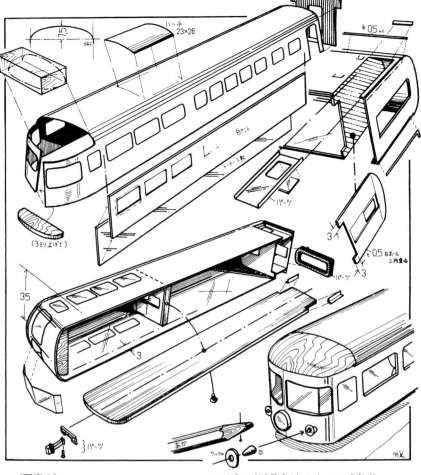

〈写真3〉

更に加えて側板ウラには，先のケント紙と同寸同大に切り出した透明下敷をピッタリ貼り重ね，その後，屋根Rの正式本番の「曲げ」に入るのです。（下敷きはモチロン"窓ガラス"）

これなら，曲げる時，細い窓柱部にシワ寄せが来て，折れるような事も，幕板がめくれる事も絶対ありま

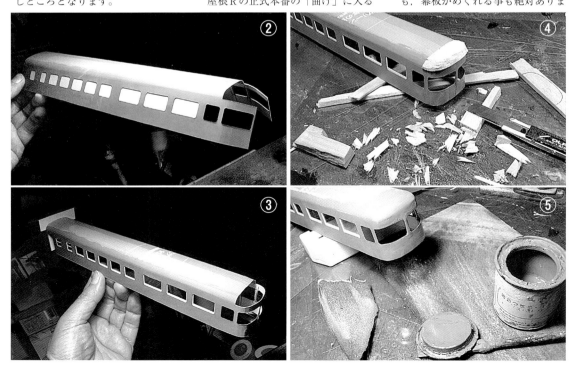

せん。

　展望室側の丸妻も，ウラから筋付けしてキレイに丸めて接合，フラットな後妻も付きました。

　屋根Rは初期軽量客車ナハ10に準じ，深さ7.5ミリ，丸妻のRは後のブルトレ20系ナハフのイメージで！

　丸妻の下部には，スソから3ミリ上げて，Rを固定する補強板を接着して，次のオデコ削整に備えます。車体外幅は35ミリ厳守の事。

　先の材料図の床板材の長さが260ミリと長目になっているのは，この補強板の分を見込んであるのです。

　普通の20m車は243ミリあれば足ります。

〈写真4〉

　展望室側オデコ削整中。

　私のは御気楽なバルサ材。アガチス→朴と硬質材になる程に削るのは苦労ですが，塗装，目止めは楽になります。

　基本フリーなので，Rは貴方のイメージで！

〈写真5〉

　補修塗装中。

　すでに窓まわりを中心に側板は塗ってありますから，それを下地と考え，全体に細かいペーパーがけして筆塗りでキレイに全体をグリーンに塗り上げます。

　HOの，それも20m級の近代車輌を筆塗りで仕上げるのは，面喰われるかも知れませんが，昔は極く普通の事でした。

　筆塗りには筆塗りの良さがあり，何より，いつでも何処でも塗装作業

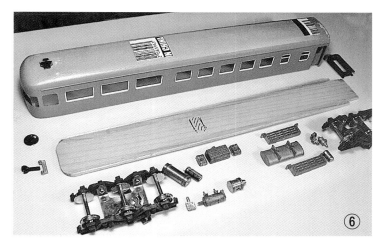

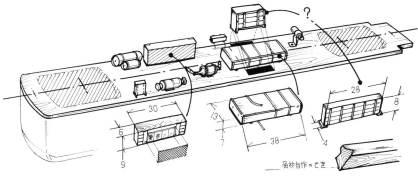

に取り組めます。

　一度，エアブラシやコンプレッサーは忘れて，「塗る」事の基本，筆塗りにチャレンジしてみてはどうでしょう…？　楽しいですヨ…。

　デッキ側の工作は先の組立イラストで明瞭と思います。補足の仕上り写真のアップを左下に添えておきます。

〈写真6〉

　床板は現物合わせでピッタリに切り出し，これは，ギュッと車体にはめ込んで，そのままスリップトルクで抜け落ちずに止まっている位が一番良いのです。

　上下の締め付けネジは，私のは2mmの小ネジ1本のみ。

　あくまで"補助"で，万一の衝撃時の落下抜け落ち防止と云う訳です。

　側板下辺に角材を長手に通して，何本もの小ネジで床を止めるのは，特に今回の展望車の場合，内装工作の自由度が大きく制約されます。

　側板自体，透明下敷きの剛性に依り，反りの心配は無いので（室内仕切り取付により更に完璧），今回，いわゆる"補助角材"は一本も使っていません。

　屋根上のハッチ，撤去されたベンチレーターから判る通り，本車は初期冷房車の設定。

　床下には特徴的な旧式の冷房装置（イラストの左下スミ）やMGが見えます。

　但し，それ以外は一般客車と変ったところはなく，その辺はイラストにまとめておきました。パーツもいろいろ出廻っているはずです。

　台車は小高のTR71で，私の本来設定"旧式優等車の台枠以下を再用した車体新製車"に沿ったもの――と云うか，もう使うアテもない，手持ち旧パーツの整理流用です。

　床下水タンクも電車用の丸型流用で，客車用のはイラストの如く角型です。四角いものは角材，角棒に紙帯を巻いてもカンタンに作れます。

　その為の略寸法もイラスト中に描き込んでおきました。

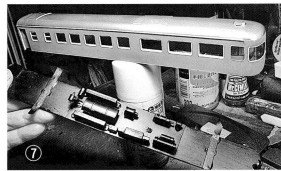

〈写真7〉

以上の床下機器類の取付けが完了して、床板全体をツヤ消し黒塗装。

これは市販スプレー使用の吹付け。

ボルスター部にマスキングテープを貼ってセンターピンのネジ孔が埋まるのを防いでいるのが判ると思います。

このセンターピン位置に関し、一言御注意。

一般的な図面に示されている三軸台車のボギーセンター位置は当然中央軸を基準にしています。（本車では車端より39ミリの設計）

しかし、模型パーツとしての台車センターピン位置は、それでは取扱上不便なので、いくらか前後にずれているのが普通です。この辺、一般の二軸ボギーとは異なり、ケガキや床板側ボルスターの取付けに際し、勘違いしないよう注意が必要です。

展望室側のカプラーはダミーの自連タイプ。デッキ側には、当然皆様の編成に合わせたカプラーなりドローバーなりを取付ける事になります。

〈写真8〉

これでひとまず完成。試運転の結果は如何ですか？ 今回の私の作例は違いますが、テールランプに赤エンピツの芯を折って小ワッシャに通してボディーに取り付ける…と云うgood ideaを昔のTMSで読んだのを思い出しました。

マツモト模型のオハ31系ペーパーキット組立の解説で、赤井哲朗さんが半世紀前にお書きになったものと記憶します。

——————・——————

さて、実は展望車製作の楽しみは、ここからが本番と云えるのかも知れません。

左の2枚の写真を見比べて下さい。

上が、ここまでの"一応完成"状態。

下が内装工作を進めている（完工はしていない…）今の私のクルマ。

特にルームライトはじめ各ライト点灯とした場合、内装無しではとても"完成"とは云えない事がスグ理解されると思います。

シート類はできるだけ軽い素材が良いでしょう。

作例は床に赤ジュータンよろしく、チェックの赤白市松の紙（キャットフードの空箱！）を敷き、昔のプラモデルのYS-11の内装リクライニングシートを一等開放客室に並べ、展望室側には古い木製パーツのソファ（多分Tenshodo）を加工して純白に塗って配置しました。

写真に写っているWメタルの豪華な座席は、これ又、大昔の特製パーツのパーラーカークロ151用のもの。

ソファが真白なのは"変"とお思いかも知れませんが、多分これが正解です。

営業列車に使用中の展望車の室内を撮った写真を御覧なさい。

シートもソファもすっぽり白いカバーでおおわれ、本来のモケットの色などほとんど見えていないと思います。

間違ってもジョイフルトレインではない"一等展望車"の言葉の持つ意味、「フ」ではなく形式称号「テ」の持つ格式の表現がポイントとなりましょう。

凝り出せばキリがなく、どうしても重くなりがちな内装インテリアを、如何に軽量に、かつ重厚に見せるか、いろいろなセンスの問われる"見せ場"となります。

安価なプラ製の各種シートが望まれるところです。

尚、作例は、開放客室と展望ルー

ムの仕切壁を車体側に作り付け，その下部の角材にネジを切って，そこに床板を止めるようになっています。（この仕切壁は車体断面形状の保持にも大変有効）

───・───

　私は"青大将"時代の東海道客車特急に，自身乗車した記憶はありませんが，父は間違いなく何度かは乗車しています。

　当時，名古屋のいっぱしの銀行マンだった父は，かなりひんぱんに東京←→名古屋間等を往復しており，その都度，私の為に，自身乗車した使用済の特急券や急行券を持ち帰っていたのです。

　その中の相当数は，今も私の手許に残っており，幾枚かは明らかに"青大将"のものです。

　こんな事もありました。夕食の席で"お父さんは，こんな特急に乗って東京へ行っとるんだ"と云った言葉と共に渡された細長い灰色のボール箱の中身は，忘れもしない"つぼみ堂のHOブリキ製オハユニ61（!!）で，それが見事に美しいライトグリーンに塗られた"塗り完ボディー"なのです。

　私はもちろん大喜びでしたが，そ

れが特急用客車でなく，ローカル用の珍品合造客車である事に気付いていました。

　父はその後，青大将の客車を，編成で買い足してくれるでもなく，オハユニは，それ1輌きりでだんだん影が薄くなり，いつしか解体されてしまって，今手許に残っていないのは残念です。

　今思うと，存外父はオハユニが「1輌」だけでサマになる唯一の国鉄客車である事を認識していて，私が将来C56でもスクラッチする事を秘かに期待していたのではないかとさえ思えてきます。

　極めて明瞭な記憶のある，そのオハユニ61は床板も含めオールブリキ製，ショーティーでなく20m級フルスケールの立派な品です。

　床板もしっかりボディーにハンダ固定されていて取外し不可，全部組上げてから屋根も含めてライトグリーン1色にピカピカに塗装

され，床下はボルスターのみで床下器具は一切付いていませんでした。

　そのライトグリーンの色調が，本来の青大将より相当明るい文字通りの「白緑色」で，ずっと後になってNゲージで青大将が製品化された時，その最初期の製品が丁度そんな感じの色でした。

　つぼみ堂のHO青大将客車は，今手許にスロ60が1輌だけあり，これは前述オハユニよりずっと後に自分で購入したメーカー完成品です。

　グリーンもしっかりした色調に改められており，今回の編成にも組込予定。

　それにしても昔のTBMの製品は，湘南もスカ色も，みんな本物より相当明るい色に塗られていたのが記憶に残ります。

　さて，客車の思い出話ばかりして，牽引機の事に何も触れませんでした。

　「EF58」は，もとより嫌いなロコではないのですが，私にとっては古い，苦い想い出につながる"封印"ロコなのです。

　最後のカット画もロコ無しの"うしろ姿"で平に御容赦……。

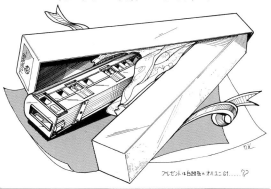

プレゼントは白緑色のオハユニ61……!?

フリーランス雑感

夢のドームカー

　"誰にでも容易に作れ，見た目にもキレイで，1輌だけでも楽しめ，工作日数もかからず，しかも製作に特別の工具を要しない……そんな虫の良い条件に合った車輌"～～これは，菊地文雄氏が「鉄道模型の作り方」(誠文堂新光社S.29)の中で，米国型ディーゼル電機(EMDのF7やE8/E9他)を各種ミックスして幾分フリー化したHOの製作記事で，木やボール紙を多用した，その平易な作風は，大いに親しみが持て，私も，少年モデラーとして，その経歴の極く初期に作っています。

　下図は，私には忘れられないその製作記事中の図版の"サワリ"をダイジェストし，私流にリライトしたもので,この程度の流線型は当時"誰にでも作れる"ものと認識され，又，実際同書の口絵に，小学5年生の作ったと云う立派な作例写真が載っています。

　(私は，アレが本当に10才児の作ったものか，今も半信半疑です。それくらい良く出来ていた。特に，塗装，細かいライニングなど…)

　同年代モデラーとして，私はそう云うのに刺激され，対抗心を燃やして必死に木を削り，丸窓を抜いたのです。

　こう云うカタチのものは誰が作っても皆同じ…と云う事には決してならず，単に「誤差」と云うに留まらぬ，作者の本質的なクセ，造型センスのようなものが，自づとあらわれ，それが自由でカラフルな塗装と相まって，その"大集合"は本当に楽しいものでした。

　図では，原書そのままに，台車軸距28ミリとしてありますが，これは多分，当時天賞堂あたりで売っていた本格米国型パーツの使用が想定されたもので，名古屋在住の私に入手の途は無く，極くシンプルに栄町の松坂屋(当時)で，DT14か16(カワイ製品であったのは間違いない)を買って来て，L-3モーター，31ミリインサイドギヤーで走らせたものと記憶します。

　何色に塗ったのか明確な記憶がないのは，私には珍しい事なのですが，多分，気に入らずに何度も塗り直し(塗り重ね)て，ボテボテにしてしまったからで，その都度サンタフェ風になったり，GN風(～と云うか湘南電車の逆塗り)になったり，イメージがコロコロ変っていったような，おぼろ気な記憶はあります。

　そして，信じていただけないかも知れないけれど，その過程で買った「からすぐち」が今も現役で私の手許にあります。

　「からすぐち」は多分，当時やっと読みはじめたTMS系の情報で，この器具の事は又後で触れる事にします。

　関連して，アメリカ型の想い出をもうひとつ…。

　旧(初代)ビスタ，あれはもう，完全にアメリカ型だと思います。

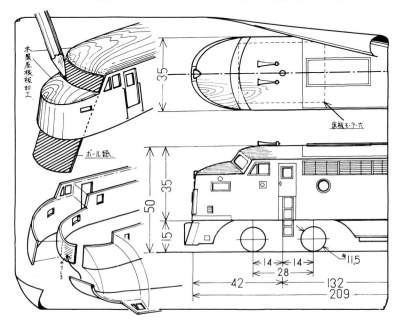

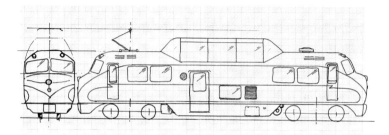

VISTA-DOMEは，米国客車のイメージそのままだし，先頭形状も，私には，先述流線型ディーゼルのおもかげが感じられます。

つまり，大陸横断豪華列車の電車版をねらったものに相違ないと思うのです。

もっとも，これは本車の価値を一切損ねるものでなく，同時代の欧州鉄道（誇り高いSNCFに於いてをや…）にも，米国デザインの影響は顕著ですから，よくぞ，あの時代日本の風土の中で，あんなモノ作ったと讃えられるべきでしょう。

「大陸横断」と迄はいきませんでしたが，紀伊半島を，その付け根で横切る"半島横断特急"のスケール感は，他私鉄の遠く及ばぬところです。

アメリカンデザインのボディーに，メカニズムのかたまりの如き欧風シュリーレン台車が思わぬ対比を見せて，まさに"良いとこ取り"日本の鉄道の面目躍如！

私にも何かと"想い"の残る特急電車なのです。

―――・―――

さて，冒頭の"虫の良い条件"にピッタリ当てはまる車輛工作として，私はこの旧ビスタを両運単行2階建てドーム付き観光電車（長い!!）に圧縮アレンジして作ってみようと思います。

先頭流線部は，そのフォルムの成り立ちを考えると，割合展開図が取り易そうだし，透明ドームにブリスターパックの廃品の曲面部をスマートに使って楽しいリサイクル工作の要素も…等と欲張って考えます。

タイトルカット（I案）はその最も初期のアイデアスケッチですが，流石これでは電車として床下機器の置き場の無い事に気付き，ドーム（及びその階下部）を縮小，より現実味を持たせたのが上のフリーハンド図面（II案）。

原図はほぼHO原寸程度に描いてあり，長さ21センチ，幅3.5センチ程に拡大されると，そのサイズ感が御理解いただけましょう。

要は，昔作った流線型ディーゼルの寸法が念頭にあった訳です。

本物の製図家，トレーサーの使う用紙を使って，もっともらしく，実車計画図風に仕上げたIII案（下）が，ほぼ最終型。

模型製作上是非必要になる内装レイアウト等の設定も行ない，展開法アイデアも描き込んであります。

フリー設計では，こう云うのを1枚残しておくと，後で見返して，いろいろ楽しく，役に立つ事もあります。

ひと廻り以上大きくなった記入寸法を見て奇異に思われるかも知れません。

実はHOからOナローへ突如変更しています。（設定としては1/45，軌間16.5mm）

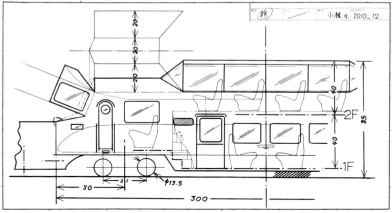

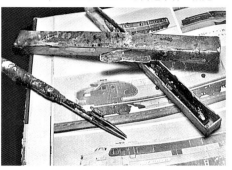

半世紀現役の私のカラス口とその元箱

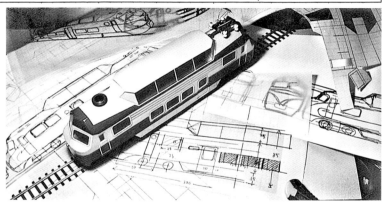

実は当初から両台車間をレール面スレスレの超低床にして，そこに主たる乗降扉を設け，駅やホームにとらわれず，風光明媚な任意の地点に停車して自由に乗降を楽しめる貸切電車的イメージがあり，模型ならではの，そんな電車も1輌作っておきたかったのです。

バスにだって定観もあれば，団体・個人貸切もあります。

しかし，スタンダードゲージでの超低床高速電車は我々には，何となく"危険"のイメージもあり，今回はとり合えず，ナローと云う"のどかな"設定で逃げを打ったと云うのが真相です。

600V線のまばらな床下機器なら，電空分解して両ボンネット内にラクラク納まると思うし，深い台型に折り曲げた屋根裏は空調機器を収めて尚充分余裕がありましょう。

ダブルデッキ部分は，床の構造強度，厚みを無視するなら1F，2Fとも天井高さ4センチ，つまり1.8メートルあり，実用的には多分，1.6メートル位になると思われます。

閉所恐怖症の人にはつらいが，先ずそこそこの実用性はありましょう。

幅も狭いので2F展望室は1人がけの回転クロス×8席，1Fは2＋1の横3人で向かい合わせ固定席のラウンジです。

ボディー基本寸法は，新たに幅5センチ×長さ30センチと定めました。

30センチはモノサシ1本の長さ，

又，おおむね1フィート，1尺でもあります。5センチはその1/6。

俗説かも知れませんが，この辺の寸法は太古人類が自らの腕をモノサシ代わりに使って長さを測った名残りとも云います。

試しに自身調べてみると，確かに，こぶしを握った先からヒジまで，ヒジから肩までがほぼ30センチでした。

だからどうのと云った事でもないのですが，生理的に"しっくり"来るサイズ感ではあります。（個人的には近頃"生理的"にしっくり来ないデザインに接する事も多い…）

さて，クセのあるデザイン，一般的とは云えないサイズの電車模型で，どこまでお役に立つか判りませんが，一応製作工程など。

工程写真①

古スケッチブックの表紙厚紙から，ひとつながりに車体材料が切り出されました。

窓の隅Rは安物彫刻刀の半丸でトントン。それをカッターで結んで窓を抜きます。その工具の「すべて」が写っています。

実使用展開図のコピーも添えておきます。

工程写真②

側板裏に内張りを重ねて扉窓を抜き，筋付けして折り曲げ組み立てて全体型が見えてきました。

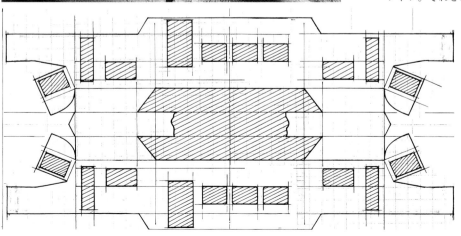

ボンネット部のフラップは丸めて左右を重ね，ハサミで一気に切り落とします。それを裏から当て板して継いでやりました。

この両ボンネット先端間を，丁度30センチにしたのです。

台型の屋根は1辺2センチ。折り曲げて幅5センチ。

工程写真③

現物合わせでボンネット上板を切り出して貼り，裏からタップリエポキシを流してコチコチに固めて滑らかに削ります。

今，その先頭流線部のみ軽くサーフェイサーを吹いて，カタチの出来具合を見ています。

両運車で，前後先頭部を同時に見る事はないので，微妙なRの差は大目に見てやりましょう。

さて，旧ビスタの車体の大特徴は全客窓がHゴム支持の固定窓である事。その下準備が始まっています。

工程写真④

下地が整ったボディーにオレンジのスプレーを吹き，今，白のプラカラーを烏口に含ませて，Hゴムを入れています。

すでに，下塗り中の③写真にHゴムが描かれているのを不審に思われたかも知れません。

何度もくり返し，なぞっているうちに，塗料断面が丁度うまい具合に半円状に盛り上がって実感満点になるのです。

エッチングで浮き出たHゴムより，ずっとリアルで，プレス表現に匹敵します。

烏口と云う器具は，本来製図の仕上げ，スミ入れに使用されたもので，昔は，設計者の描いた鉛筆書きの下図に，トレーサーと云う専門職がトレーシングペーパーを当て，製図インクと烏口を使って美しくスミ入れ原図を作って，青写真による複写に備えたのです。

特殊な感光紙にトレース原図を重ね，光を当てると，半透明トレペの部分は光が透過するので青く感光発色し，スミ線のみ白く残った訳です。

これで，極めて正確で歪みのない原寸COPYが作れたのです。要するに巨大な密着焼き，ベタ焼きを作った訳ですが，この写真用語さえ死語になりつつあるのを感じます。

このような「陰画」タイプの大型図面は，私の少年時代，模型雑誌のフロクに「折込図面」として必ず付いて来たもので，懐かしいものです。

TMS812号-2010年8月号では，貨電の図面を，製版処理でわざわざ「陰画」タイプにしていただきました。

昔のモケー誌のレトロ感満点で気に入っています。

コピー，複製技術の発達で，「青写真」は，文学的表現としての言葉のみ残して技法としては廃れてしまいました。

「烏口」は，私がバリバリ（？）仕事をしていた頃すでにロットリングやマルスの製図ペンに置き換えられつつあり，今は，それもあらかたコンピューターに取ってかわられているのだと思います。

烏口を売っている文具屋さん，画材屋さんなど，今もあるのかなァ〜と思います。

工程写真⑤

マスキングを重ねてブルー，更にグレイを塗り，基本塗装完了。全部市販スプレーです。

細かいパーツを一切未取付なので，マスキングテープ貼りに苦労はなく，吹き出しもほとんど見られません。

修正は楽でしょう。

工程写真⑥

ライト（安物宝石），パンタ（針金細工の自作）等の艤装完了して，ボディー完成。

ビスタドーム部は，当初の予定とは随分違った事になりました。

HOサイズなら，ストックしてある廃品ブリスターの中に使えるものもあったのですが，Oサイズとなると，流石に大きく，大きいブリスターはみんなペコペコ，ヘナヘナで強度も透明度も表面平滑度も足りないのです。

ここはデザインの目玉，あまり手抜きはしたくありません。

透明アクリル板を切り出しての結構な本格工作となりました。

ここまでの工程をまとめた組立イラストを描いておきましたので御参照いただきますが，要は，一発しぼり出しの完全透明ドームはあきらめ，平板組み合わせ，天井取り外し式の少々武骨なものになりました。

サッシは烏口で描いてあるだけ。何しろスッキリ仕上げて，透明度抜群の温室の如きガラス張りの室内インテリアが楽しくのぞけるようにし

たいのです。それが最大の目玉です。

その有様が**工程写真⑦〜⑧**に写っています。

屋根と同じく，インテリア全体も取り外し式にして，各種試作中。運転会のTPOに合わせ，マジメなのから，くだけたのまで色々準備しておきます。

壁面パーティションに雲やおさかなのイラストが描かれているのが見えましょうか？ 駅でもらって来た四国観光パンフから切り抜いたものです。

このくらいのサイズ，スペースがあると，かなり本格的に"インテリア・コーディネイト"が楽しめ，テーブルの1輪差しの花，半開きに放置された雑誌のグラビア写真に至る迄，充分手を掛けただけの効果はあり，苦労は報われるはずです。

展望ルーム内は，さしずめ小さなドールハウス。

鉄道ファン，鉄道模型マニア以外にもアピールするものがあるかも知れません。

そして，その為にも，ドームはヘナヘナのバキューム成型のブリスターでなく，精度の出るアクリル板組立である必要があった訳です。

その「精度」に関し，自らの能力の限界を思い知らされる事態があり

ました。

　組立イラストの※印，展望ドームのコーナー部のガラスは，現物合わせで型をとり，アクリルから四枚切り出したのは良いのですが，精度良くピッタリ同寸に切り出した4枚が，全くピッタリはまってくれないのです。

　つまり，それに対応するボディー本体側の精度が出ていなかったと云うお粗末で，結構硬度のあるアクリル板から，もう一度，1枚1枚現物合わせで切り出す気力もなく，この部分は，ボール紙でお茶を濁しています。

　展望室の取り外し屋根も，反りの防止等の観点から，しっかりした木板より削り出すのが安心なのですが，少しでも天井クリアランスが欲しく，私のはボール紙に瞬間を浸み込ませて曲げクセ，Rを固定したもの。

　そうしないと，私の大半のお人形は，頭がつかえてしまうのです。

　本来どちら向きにはめても，ピッタリ合うはずの屋根も，完全に前後の「向き」が定まってしまいました。

　本当に，お粗末な「精度」です…。

固定床と取外し床の関係がわかる

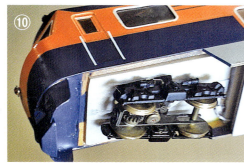

　屋根ウラには小さく⒫，Ⓥと記号が振ってあります。⒫はパンタ寄り，Ⓥはベンチレーターのある側です。パンタは先述通り自作品，ベンチレーターは昔の0番国電用グロベンの残り物。

工程写真⑨～⑩

　床板まわり，足まわりの工作です。
　先の組立イラストに従って御説明します。
　床板Aは2F展望室の床で，今回インテリア重視で，あまり角棒補強を用いていないボディー全体の剛性保持，車体幅の保持・確定に大変重要な意味を持つ構造部材です。

　4ミリ程度の木板より切り出し，1Fの扉上辺にそろえ，正しく水平に固定。

　この上面に取り外し式インテリアを脱着させる訳です。

　床板Bは前後ボンネットの平面型を固定・保持する，これも固定床板。

　厚紙より切り出し，瞬間で固めたスカートをはさんで，しっかりボディーに接着固定。

　床板Cが，動力台車の付く，メインの取り外し式床板で，Dは，それをネジ止め固定する為の車体側中ハリ。

　いずれも5ミリ厚の木板より切り出し。

　その台車はKTMのHO，ED70用。

　初期の真鍮ドロップ製なら値打ち物なのですが，私のは，ブレーキロッドなどがゴツく一体に鋳造された末期のダイキャスト製。

　ビニールの袋に入れて台車だけ安く分売していたもののストック品です。（車輪ナシ）

　でも，ちゃんと，しっかりしたツヤ消し黒の焼付塗装がされていて，その塗色が今回の作品にちゃんと生きています。

　リサイクルのφ13.5車輪に，インサイドフレームを介して平丸型モーターを垂直に吊り掛け，1：20のウォーム1段，1軸駆動です。

　その辺の様子が，写真⑩に良く写っています。

　φ11.5車輪付の31ミリパワトラと，重厚な各種旧型台車（ウィングバネのDT14など，オススメ！）の組み

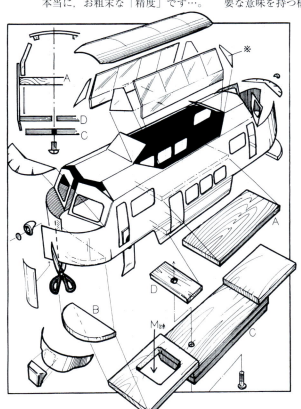

71

合わせでも，充分バランスがとれ，快調に走りますから，一般にそれで充分，余った労力と室内スペースは更なるインテリアの充実に向けるのが筋かも知れません。

何れにしても，一般的な26ミリパワトラとHO新型台車の取り合わせでは，流石に，このOサイズボディーにはチョット貧相で，バランスが悪いのです。(特に最近の台車に於いて…)

何はともあれ，これにて一応の完成。

HOのR450組立センロを滑るように(！)快調に走り廻っています。

――・――

さて，VIST CARにまつわる想い出を最後に少しだけ…。

実は，ビスタは私にとって或る時期"帰省列車"でもありました。

私が最もひんぱんに名古屋⇔姫路を往復したのは，未だ新幹線が「東海道」だけだった頃で，お金の面から云っても新幹線利用は選択肢に入らず，一番多かったのは，九州行夜行急行のハザに区間乗車する手でした。

学校が終って寮に帰って荷物をまとめ，名古屋駅に着くと夕方。

東京を昼前に発って，西に下って

行く"雲仙／西海""霧島／高千穂"，そして忘れもしない"阿蘇"(これは，名古屋始発でした)と云った客車急行が大体，そのくらいの時刻に，次々名古屋を通過して行くのです。

機関車(みんなEF58，ものすごく稀にEF61)の次位に荷物車，郵便車，寝台車とつづき，最後尾の一番「格下」のスハフやオハフの自由席に飛び乗り，買っておいた弁当をパクつきながら東海道，山陽を下って行くのが常でした。

その中，ひとつの選択肢として「大阪までキンテツ」と云うのがあったのです。

当時は上六が終点ですから，鶴橋で国鉄に乗り換える訳ですが，国鉄と私鉄の運賃格差が最大に開いた頃なので，これは相当安上がりの方法だったのです。

お小遣いとしては，大体国鉄急行利用程度もらっていたので，いつも浮いたお金で大阪や神戸でプラモデルを買ってました…。

(その程度の差額だったと記憶)

そして，そのためにキンテツ線内はすべて急行利用。(特別料金ナシ)

もちろん名古屋線改軌後のお話ですが，真に「名阪直通」していたのはビスタ特急のみで，急行は「～今

← 一応完成状態
後方は，ほぼOサイズのショーティー30000系トイ。

将来的に，こう云うものも，本格改造して連結運転してみたいものです。

その辺も前提にした今回の作例。

も同じなのですが…」中川乗り換えでした。

名古屋線側は雑多な6000番代の新旧入り乱れての百鬼夜行編成，大阪線側は新旧2200に特急格下げの2250も混じっての狭窓ズラリの見事な編成で，すでに3扉化は進んでいたのですが，私はいつも立派なクロスシートに座った記憶しかありません。（少なくとも大阪線の急行は昔の方が余程立派だったと思う…）

途中駅で後発のビスタにビュンビュン追い抜かれるのが逆に楽しく，そんな事をくり返している内，その特急料金を払っても充分ペイする事に気付いて，ビスタカーは私の「帰省列車」の一つになっていったのです。

当時，開業間も無い「夢の超特急」人気に押され，「名阪ノンストップ」冬の時代で，3連のビスタでも車内はガラガラ。

どうせ名古屋を出れば鶴橋まで停らないので，指定席に荷物を残し，あとは自由に二階席に上って展望を楽しんだり，階下のラウンジ風の固定席でくつろいだりして，2時間を過ごしました。

バスガイドのような紺の制服の女性乗務員さんがビニールの袋に入れた消毒済のシートラジオ用イヤホンを配って廻っていたのを想い出します。

当時ビスタは，1編成3輌それぞれ違った色のシートモケットで，床は市松模様のリノリウムタイル貼りだったと記憶，この「市松模様」の思い出は，私のフリー車輌のインテリアデザインに，かなりの影響を残しています。

やがて，スナックカーが登場して"名阪ノンストップ"にもスナック2連と云う最短編成が多くなり，それとともにビスタは，新幹線との連携輸送で新たなドル箱になりつつあった伊勢志摩方面への観光特急に転身して行ったのです。

そして，その頃には私も名古屋を

離れ，東京郊外で新たな生活を始める事になります。

以上書いて来た"VISTA"は，すべていわゆる新ビスタ10100系の事で，本稿の元ネタ（？）たる旧ビスタ10000系ではありません。

10000系に対する想いには，又，全然別のものがあります。

それは，名古屋人として気心の知れた"お隣さん"10100（～名鉄と近鉄のホームは本当に地下でおとなり同志）に対する「親しみ」とは異なり，ちょっと謎めいて，そして，いつも束の間の出会い，すれ違いに終った"あこがれの人"と云った感情です。

私は逆に，あのガラス張りのサンルームの如きドーム席に上る事はありませんでした。

本当に，いつも"すれ違い"だったのです…。

私がNゲージの初期の頃，はじめにフルスクラッチしたのは，HOで遂に果たせなかった旧ビスタ10000のフル編成でした。

10100は，その次だったのです。

それらは今も手許にありますし，もう何十年も前，当時大変御世話になっていた某メーカー系の出版物にも「出演」していますので，オールドNゲージャーには，或いは記憶の片隅に残って居られるやも知れません。

その辺からも，10000に対する私の特別な想いは，判っていただけるかも知れません。

今，名姫間と云うのは仲々に夢の拡がる区間，時代となり，私は，更なるインパクトを持った新世代VISTAの誕生を，心待ちにしている1人なのです。

― 以上 ―

フリーランス雑感

フリー，デフォルメの造形
── その発想・分析・展開

　私は○○形が大好きです。だから細かい所までしっかり調べて本物そっくりに作りました。──模型作りの王道です。

　もちろん，それで一向構わないし，もとよりその行為に何の云い訳も必要ない訳です。

　趣味の対象物の好き嫌いに理屈など一切無用！　誰の迷惑にもならぬ純粋な自己満足の世界なら，とやかく言われる筋合いはありません。

　もしそれが，貴方自身，足で集めた一次資料に依る貴重な情報を含む，しっかりした作品であるなら，その資料価値を認め，将来，地元博物館の展示品に列せられるやも知れません。

　（但し，それが，必ずしも我々の趣味活動，作品制作の究極の目標，理想と云う訳でもない点に，御留意いただきたいと思います）

　さて，ここで，この一連の行為の流れを，あえて少々理屈っぽく，理論立てて考えてみるのも，悪くはないと思います。

　好きな事について「考えて」みるのも，又大変楽しい事です。

　キットの箱を開け，又，白ボール紙にケガキをはじめる前に，チョット一服，頭の体操！

　自分は○○形のどこが，そんなにも好きなのか，自らをして，そんなにも真剣に，夢中にさせるのは何なのだろう……？

　カタチが好きなのか，──それなら，どの辺の，どんなカーブが，どのように素敵なのだろう？

　メカニズムの美か，全体のバランス感か？　そして，それは改変，改善，改良の余地さえ一切無い，唯一無二，完璧のものなのか？

　「恋は盲目」などと云います。もう何もかも無条件に大好き！　と云う事も或いはあるのかも知れません。

　でも，一歩引いて冷静に眺めて，"ここだけは気に入らない" "私なら，こうするのに…"と云うところ，ありませんか？

　毎日，通学で乗っていて，"同志"の如く慣れ親しんだ電車でも，あれだけは嫌だった（例えば，クーラーが無くて夏は地獄だったとか…）と云った事，ありませんか？

　その旧式電車は冷房化される事なく廃車になりました。アレにクーラーを載せてみたい…。

　不特定のユーザーを対象にした市販製品にそこまで望むのは無理だし，別段望む必要もないでしょう。

　御自身の手を使って行なわれれば良い事です。

　そして，それは模型にしか出来な

74

OER 幻想

い事，モデラーの特権でもある訳です。

　フリーランスモデル製作の動機付けの非常に判り易い，ひとつの要因に成り得ます。

　その辺に於いて，今私が一番やってみたいのは，小田急のVSEを昔のオレンジ／グレイ／白のロマンスカー色に塗り替える事です。

　NゲージャーでOERファンの貴方，マスキングテープ貼りのトレーニング，ウォーミングアップも兼ねて，ひとつ如何ですか？

　"造形"と迄はいかない，そんな軽作業も又，充分フリーの第一歩に成り得ます。

　さて，フリーランス／デフォルメの根底には，「鉄道模型」の本質根幹にかかわる部分もあります。

　我々の「鉄道」模型の依って立つ基礎，ベースたる「レイアウト」は，その本質に於いて「shorty」思想の上に成り立っていると云えます。

　基本的なスペースの問題しかり，山も川も，ホームも，列車もみんなそうです。

　常用される#4，#6分岐などスケールとは縁遠いものです。

　多くの場合，多大な無理をして，アンバランスをあえて承知の上でフルスケールの車輌を，その上に走らせてきた訳で，車輌側が細密化の一途をたどる程に，その矛盾，不合理が露呈して，プラモと本質的に変わらぬ小ジオラマ指向，そして遂には走らせる事自体への興味の喪失と云った，我々の趣味の本分・特質の忘れられかねない状況も一部無いとは云えないように思われます。

　「FINE SCALE」などと申しますが，単に車体縮尺と線路幅が一致していれば良い〜と云う事でもない訳で，車輪厚さ，フランジ高さ，又，その形状等すべて実物通り，スケール通りに作ったら，我々のスモールゲージでは先ずマトモには走れません。

　我々の鉄道模型にとって，特に足まわりに於いて，いくらかのデフォルメは必然だし，それは決して"妥協の産物""スケール無視"などと云う次元でとらえられるべき問題ではなく，「細密複製ミニチュア」を，我々の愛する「鉄道模型」の世界へ導き，迎え入れ，仲間入りさせる大切な儀式―「模型化」と云う概念，言葉で認識される可き事柄であるように思われるのです。

――――・――――

　さて，デフォルメには，もうひとつ，積極的な「自己表現」と云う面があります。

　貴方は○○形が大好きです。○○形の事は知りつくしています。

　ならひとつ，その大好きな○○形の絵を描いてみて下さい。

　もちろん写真など一切見ずに……。絵としての上手か下手かは一切関係ありません。

　セクションペーパーに三面図でも結構です。

　どうです？　納得の行くように描けましたか？

　結構，思い出せない部分もあるでしょう？　或る部分は細かく描けても，全然筆の進まぬ部分もあるはずです。

　細部ディテールのみでなく，全体プロポーションも，今イチあやふやかも知れません。

　後で写真と見比べ，ガク然とするかも知れません。

　でも，私は多分，その貴方の描かれた絵の中の○○形の方に，一層興味があります。

　写真や図面は世にあふれています。でも，貴方の絵は世に一枚，それは将に貴方の○○形そのものなのです。もしかしたら"本物"よりリアルな……。

　本当に好きな人の描いた，好きなモノの絵には，必ず説得力があります。

上手い下手ではありません。

直線がキレイに引けているとか、そんな小手先の事では、全然ないのです。

細かく描かれた部分は、貴方の興味の中心、それほどでもないところは多分普段あまり興味のなかったところだと思います。

絵に描かれた全体プロポーションは、実は"こうあって欲しい"と云う貴方の潜在的理想、願望を表わしているのです。

そこにデフォルメの基本、「省略と誇張」があります。

そして、それは、作為的でない最も必然性に満ちた、説得力のある「省略と誇張」なのです。フリーランス造形の第一歩です。

貴方が、その自らの想いに正直に素直であって、悪かろうはずがありません。

これがスケールモデル設計のお話なら、ここでバランス云々と申し上げるところです。

しかし、今お話しているのはフリーのハナシ。「省略」の部分は、或いは市販パーツ流用で軽く済ませてしまってよいかも知れません。

「誇張」の部分に全精力を傾注しましょう。

メリハリの利いた個性的な作品が出来上がるかも知れません。

貴方の絵が、もし台車のディテールがひときわ精緻に描き込まれていたなら——イコライザーの曲がり具合とか、軸箱支持の方法などが詳細に描き込まれていたなら、貴方は間違いなく、台車に興味があります。

車体はキット切り継ぎ程度で済ませても、台車くらいは自作される事をお奨めします。

貴方の思う理想のメカニズム・外観をそなえたオリジナルトラックを……。

世の中、仲々自分の思うようにはいかぬ事ばかり、でも、模型の国では貴方が主役。誰もが貴方の言うなりです。貴方は鉄道経営者であり、技師長、チーフデザイナー、そして忘れてならない運転指令でもあるからです。

（だから鉄道模型は面白いのです——）

以上を踏まえ、私は自身の自己分析をしてみようと思います。

例にとったのは、何れも比較的近作のOナロー電車。〈↓〉

何れも全く自由気ままに切ったり貼ったりをくり返し、殆ど"自然発生"的に出来上がったもので、その辺の楽しさは多分伝わると思います。

もう、基礎的な寸法的約束事などは、頭に入っているので、資料など一切手許に置かず、又、"製作記事"を意識、意図したものでもないので、工作の途中写真のようなものも、殆ど撮ってありません。

構えない、普段着の電車達です。

であるが故に何か見えてくるかも知れません。自分を冷静に見つめ、分析してみるのも、又楽しい事です。（怖い事でもあります）

材料はすべて紙と木、足まわりはHOジャンクで、16.5mm軌間の線路の上を走ります。

それ以外、寸法的な事は今回、記さない事にします。（その代わり、私自身の"手"が写り込んでいます！）

（以下、作例分析）

① 「電車くん」
　——絵本からのイメージ——

一種の絵本キャラクターの立体化です。

でも、このキャラに名前はありません。本文中では一貫して、平仮名の「でんしゃくん」で通しています。実に控え目です。

そこに注目し、かつ共感します。

○○電鉄の○○形でも、如何にもと云った感じの可愛らしいニックネームの"○○君"でもなく、ただひたすらに「でんしゃ」なのです。

すべて虚飾を取り去って、"電車"と云うコンセプトそのものを造形すると、こうなるのだゾ、と幼児向絵本から教えられている感じがするのです。

本のタイトルも「でんしゃ」。小学館の、"のりもの大好き絵本"のNo.2で1996年の初版。

No.1はじめ、シリーズの他のタイトルにも興味があるのですが、少なくも、我が町の本屋さんには、もう売っていないようです。

物語は、他愛ない（失礼！）もので、"でんしゃくん"が、ふとしたキッカケで、住み慣れた山の町を離れ（多分そこのローカル電車なので

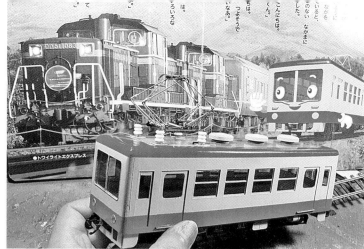

→ 背後に絵本を立てて…

しょう），野を越え山越え，様々な新鋭車（当時の）と出合い，すれ違いながら，海辺にたどり着く，と云ったストーリーです。

新鋭車はすべて実写で，多分初期のコンピューター画で作成，合成された"でんしゃくん"との，出会いやおどろきが上手に表現されています。

彼が一番おどろいたのは南海ラピートとのすれ違いシーンで，普段正面窓の中に納まっている目玉が完全に車体外側に飛び出し，乗務員扉から生えている両手も，限界突破まで大きく拡げられて，このまますれ違うと，もげてしまいそうで，心配になります。

私は，少年の木工工作の如き，素朴な初期CGの，その電車造形を，そのまま立体再現してみたくなったのです。

但し，鉄道模型として，目玉と両手は"省略"する事にしました。

基本寸法を自らのスタンダードに収めつつ全体造形からディテールまで，相当原作に忠実に，こだわりの工作で作り上げました。

唯一の変更点は「両運化」で，原作は単行車でありながら「片運」なのです。

これは，目玉や手を付け，擬人化する過程での必然で，つまり進行方向が定まっているので（ちなみに非パンタ側が第1エンドに設定されています），後位にまで，ライト等を

取り付けては中途半端になってしまう訳です。

片運の単行電車は，ループやリバース線で方転する欧米のトラム等にいくらも例があり，それ自体，別段不自然ではないのですが，ここはやはり，日本人としてバランス上，両運構造にアレンジし，更に「前パンタ」（パンタ側が第1エンド）と

定めてあります。個人的好みの問題です。

塗色も絵本に忠実にベージュと朱赤のツートン。

パンタや3個のグロベンは昔のOゲージパーツ。

原本の奥付に，"編集協力"として著名な方のお名前も見え，ナルホド……と思います。

②私の「電車くん」

前項の「でんしゃくん」は，最もベーシックな電車造形の，ひとつの良く練られたコンセプトカーとして私の興味を引いたのですが，正直の処，私より一世代若い気がします。

私のイメージとして，前項は，その設定する"お山のローカル電車"と云うよりは，やはりモダンな「新型電車」に見えなくもありません。

なら，私自身，虚心に「電車」を作ったらどうなるのだろう——つまり，私にとっての「電車くん」に興

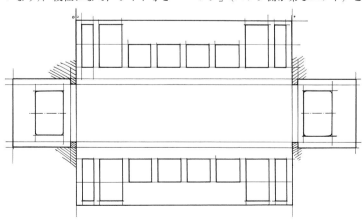

77

味が湧き，実際作ってみたのです。

つまり，手許に一切の写真，図面等資料を置かず，全くの自由設定で，ケガキ慣れた窓割り，削り慣れた屋根カーブ等々，手の動くままに自然にカタチにしていったのです。

写真を御覧になって，塗色のオレンジ色（実際は材料の空箱の色）や窓下の白帯から，「バタデンや！」「流山だな…」などと思われるTMS読者は，多分おられないと思います。

（電車としての基本的プロポーション，たたずまいが違うように思います）

私にとって，それらは，もとより嫌いな対象ではありませんが，"自然と手が動く"程の存在でも無いようです。

これは，いったい何処の電車なのだろう…？――我ながら思います。

やはり，近鉄の旧型車，それも名古屋線系統かなァ――（つまり旧伊勢電）と思います。

そう思って旧ガイドブックを開いて"照合"してみると（普段と全く逆です…），やはり養老線のモ5112など，窓数が異なるだけで，他は殆ど一致します。

正面妻板上部の雨ドイの曲がり具合，配管との"からみ"などは，これは間違いなく国電スタイルで，これも，自身納得がいきます。

手抜きで，そうなったノーシルノーヘッダーが結果，あの頃の名古屋線の更新車のイメージと重なりアンバランスに黒い屋根に明るいグレイのオワンベンチレーターが，強烈に戦前生まれの旧型車を主張しています。（但し，私は戦後生まれ）

やはり，あの頃の記憶，印象が一番強いようで，自身の電車工作の原点，ルーツを捜し，かつ，再発見する事の出来た楽しい工作のひとときでした。

正味数日で，爆発的に作り上げたものです。

ちなみに，大型パンタ，ゴム製のホロ等は昔のOゲージパーツの残り。

オワンベンチレーターは手芸用のボタン。

床下機器は，すべて木の角棒／丸棒からの削り出しで，電気側の多くは，白ビーズの碍子を介して浮かせてあります。

全体の簡略工作と比して，オーバーディテールとも思えますが，ここは，私にとっての"誇張"の部分なのでしょう。

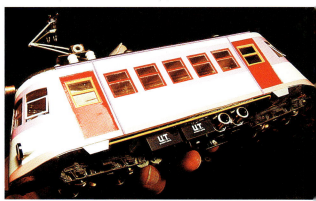

　それにリクツから云ってもパンタが立派な陶製碍子で絶縁されているなら，同じ電気の流れている床下機器も……と云う思いもあります。
　（それに，多分三交ナロー線の電車などの印象・記憶も…）
　屋根は木の削り出し。
　あえてサーフェイサーの下地を省き，粗削り→サンドペーパー仕上げの上に，直接，タルク粉をたっぷり混ぜてドロドロにした黒ラッカーを厚塗りして，目止めを兼ねる簡略技法。
　でも，この時代の「半鋼」電車の屋根は本物も木で，その上に防水のキャンバスが張ってあって，それが歳月を経て，パテやコールタールで補修されて，独特の質感があったもので，これは私にとっての飾らない，ウソ偽りのない真実の"実感表現"なのです。
　ツルツルのボタンのベンチレーターとの質感差などが，下手な写真でどの程度伝わるかなぁと思います。やはり，「屋根」への思いは，強いようです。

③両運流電
　両端面が平面で半円弧を描き，上方に向けスラントしたクラシックな流線型両運小型電車。
　私の流線型愛好は，名鉄のイモムシ君とナマズちゃん。それに加え，S30年代半ばに，わずか半年余の豊橋在住中，強い印象を残した流電一族の影響であるのは明らかです。
　私は，その現役時代を知りませんが，戦前の武豊線には，かのキハ43000も走っていた訳ですから，中京は流線型王国と云えます。

そのような，気動車系の情報も加味されて，私の流線型造型は確立されていったのだと思います。
　今回作例程度の流線型は，いわば"勝手知った"展開法が私の中に確立されていて，完全とは云えないまでも，ほぼ無塗装に近いかたちで，パテやサーフェイサーを一切用いぬ，かなりの精度のペーパー工作でカタチにしています。
　妻〜側板が，ほぼ，ぐる〜っとひとつながりで，それに木の屋根（これは塗装仕上）が載せてあり，シングルアーム風パンタは自作。
　ベンチレーターはボタン。
　フリーは"色"も大切な要素。少し詳しく書きます。
　先ず基本となるのがピンクの厚紙。これに窓・扉を抜いてマルーンの紙に重ね窓枠抜き。——つまり窓枠と扉もマルーンになる訳です。
　扉に窓を抜いて黄色の厚紙に重ね，扉の窓枠には，その黄色（ニス色）を生かします。
　ここで，ひとつながりの側板〜妻

板をぐるっと丸めて車体の基本型を確立し，その上に，木板から現物合わせで切り出した屋根材を精度良く削り出して（と云っても，"現物合わせ"と云う意味での…）載せて，車体完成。
　全体にクリヤーを吹き，扉と窓まわりをていねいにマスキングして，屋根も含め，全体にアイボリーホワイトのスプレーを吹きました。
　これで，屋根には何層かの（つまり，クリヤーやホワイトの…）ラッカーが重なり，実質の"目止め"となる訳です。
　屋根表面を軽くペーパーで磨いて，今度は側板〜妻板をすべてマスキングして屋根のみ露出させ，黒灰色を吹いて，出来上がり。
　このクラスの流線型の屋根は，戦前にあっても，鋼板の張り上げ式のものが多く（そうでないのもあります），私のもピカピカの光沢仕上げです。
　フリーデザインとしてのまとまりは，今回中一番のような気もします。

↓　リペイントした高床の大型単車（81頁参照）

　御参考までに側面のダイレクトコピーを添えておきます。

　台車軸距から，おおよそのサイズもお判りいただけましょう。

　(流線型展開図の作成等については，すでにTMS旧号に発表済。そちらも併せ御参照いただければと思います)

④高床の大型単車

　すでに以前，製作途中の写真を一度お目にかけている車です。

　その時も述べたと思うのですが，遠い記憶の中の"0番ブリキ塗完ボディー"の小型電車のイメージで，何となく車体のみは自然発生的にカタチになり，その時の塗色はピンクとチョコレートのツートンの名鉄色でした。

　たしかに当時，こんな色のフリー電車を見た覚えもあり，当時の0番製品には相当のローカルメーカーもあったと思うので(連載中の製品の歴史に期待するところ大)，あるいは"名古屋限定"の製品・塗色であったのかも知れません。

　同じ頃，私は全木製HO(！)の旧ビスタ10000系のキットを組んだ記憶さえあり，まだまだ自身判明出来ない事も多いのです。

　さて，本車の足まわりは旧い0番パーツの軸受を用い，床上に垂直に置いた円筒モーターで片軸をウォーム駆動する私のスタンダード。

　その状態で，製作中の駅ジオラマの上に置いて，チェックしているのが次頁上の写真。

　背後には本稿中①として述べた「電車くん1号」がホームに幅広の車体をこすらせて停車しています。

　(ジオラマ完成後，本車の入線は禁止となりました。ミニカーは1/43のスバル360最初期型)

　そのようにして，一旦は出来上がったものの，もうひとつ当時の，モケーとトイの境界の不明分だった頃の"トイトレイン"的楽しさ，おおらかさが出ておらず，私自身，素直にタイムスリップ出来ないのです。

　この塗色自体，私には思い入れのあるものなのですが，今ひとつ発想に柔軟性を欠いている――と云う

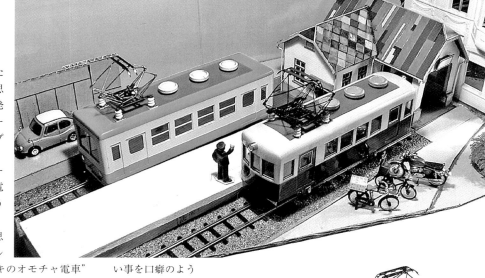

か，マジメ過ぎたのかナァ〜とも思います。（基本発想／造形とカラーリングのコンセプト不一致？）

フツーのスケールモデルの小型電車に見えてしまうのです。

本稿を期に，思い切ってカラフルに，昔の"ブリキのオモチャ電車"風にリペイントしてみました。いわゆるペーパールーフのオール紙製ですが，今度は，"ブリキ製"に見えましょうか？

ブリキ板をシート状のまま，特殊印刷でカラー展開図式にカラフルにプリントし，それを町工場の足踏みプレスで打ち抜き，折り曲げて立体化し，ツメを折って組み立てて行くブリキのオモチャの製造は，我国の御家芸のようなもので，私が入社した頃の，東京下町の大きな玩具メーカーには，その技術を継承するベテラン職人さんが，まだまだ現役で居られて，後に，私の直属の上司となった方（故人）も，その道のエキスパートとして，一目置かれる，気骨ある人物でした。

「指の1本や2本，無いのがプレス職人の勲章……」などと，恐ろしい事を口癖のように云っておられたのを想い出します。又，それを体現しておられる方でした。

すでにモーター万能，電池万能の時代になりつつあった中，ゼンマイやフリクション等"古典"動力にも一家言ある人で，他社のゼンマイ玩具を指しては，"設計がなっちゃいない，基本が全然解っていない…"などと，いつも厳しい評価を下す人でした。

随分勉強させてもらいました。

戦前のドイツ玩具を敬愛していて，何となく，私が担当していた香港製品を横目に，"小林君，メルクリンは違うよ，ダイキャストの材質

からして全然違うよ，これからはウチの工場であんなのを作りたいねェ…"と云っておられたのを想い出します。

その彼が或る日「小林君は鉄道模型はバカに詳しいけど，こんな動力，見た事ないだろ！」と云って，自ら密かに試作していたらしい，出来立てのオールハンドメイドのスプリングウォーム式の動力装置を見せてくれました。

軌間は，すでにちゃんと9mmになっていて，私が急遽用意して机に敷いたBachmannのエンドレスの上をジャ——ッと云う聞いた事も無い走行音を立てて走り廻り，私を驚かせました。

たった1本のスプリングを引き伸ばしただけの，そんなにもシンプルなメカニズムで，そんなにもスムースに走るとは，信じられない思いでした。

あの辺りが，はじまりだったと思います。

以　上

フリーランス雑感

"真説"レッドアロー誕生秘話

　所沢は私にとって第2のふるさとです。

　'60年代，美校生として下宿住まいを始め，卒業後，会社づとめで一時離れたものの，狭山の森が忘れられずに舞い戻って，今度は20年住みつづけました。

　"引っ越し人生"に終始した私の，それは"最長不倒"記録でした。

　その間，茶畑の中の新築一軒家だったアパートは，大型量販店とファミレスの間に埋没して行き，お向かいの牛小屋は自動車修理工場に変りました。

　昔の駅前の事など，多分書いても信じてもらえないかも知れません。

　西武デパートが出来る前の所沢駅は，木造モルタルの平屋建で，木舗装凹凸の広場の先に所沢車輌工場の古びたコンクリ塀と正門までが見通せました。

　そして，その工場ウォッチングも又，私の所沢住まいの目的のひとつだったのです。

　1960年代"私鉄車輌めぐり"のハードな読者のひとりとして，"西武所沢車輌工場"の言葉の持つ響きには，特別なものがありました。

　いったいどんな工場なのだろう？

　中で何が行なわれているのだろう？

　ファンサービスとしての"工場一般公開"など夢想だに出来ない時代，私は広大なコンクリ塀の廻りを一周するのが日課のようになりました。

　幸い……と云うべきか，旧陸軍工廠時代の面影を留める古びた塀はツギハギだらけ。

　ヒマな学生時代，その破れ穴に顔を押し当てて中を覗くのが本当に"日課"だったのです。

　覗き穴越しに，様々のものが現れては消えて行きました。

　得体の知れない軽便ロコ，奇妙なDL，木造の客貨車……，いずこのものとも知れぬ錆にまみれた中古電車はキレイに整備，塗り直され，ピカピカになって（～多分，"所沢車輌工場製造"の銘板とともに…），引込線を通って，何処かへ廻送されて行きました。

　その中，いつも気になっていたのは，構内の一番はずれ，半ば草に埋もれて残がいを曝す奇妙な流線型の廃車体。

　もう何年も，そこが"定位置"のようで，屋根は抜けて骨組だけ，元の色も判らぬ程の赤錆をまとって，それでも両端部の丸々としたRだけはキレイに残った姿は，まるで山口線のオトギ電車の親玉のようにも見えました。

　近くに遊園地もある事だし，何か遊戯施設のナレノハテ位に余り深く考える事もなく時は過ぎ，再度この地に暮らしはじめた頃にはその"物体"は跡かたもありませんでした。

———・———

　さて，私の所沢暮らしは，楽しい思い出ばかりでもありません。

　長年の不摂生がたたって持病をこじらせ，最後の数年間は入退院をくり返す破目となりました。"自業自

得"です。

でも，"入院生活"にも，それなりの楽しみはあったのです。

基地の跡地に建った最新設備の大病院は県内すみずみから入院者を集めていました。

同室の入院者の多くは"古老"と呼んで良い年配の人達で，土地土地の昔話を毎夜聞かされるのは，私には楽しいものでした。

秩父の山中から転院して来た往年の熊撃ち猟師は，若き日の武勇伝を語ってくれましたが，私は，その話の中に出てくる森林軌道の方に，もっと興味がありました。（但し，機関車は無く，人力軌道だった由）

飛行場周辺にまつわる戦中戦後の物語はにわかに信じ難い内容のものもあり，しかし土地柄，当時の事を知る人は多く，その語る言葉には重味がありました。

病院はまさに，その旧陸軍所沢飛行場の真上に建っていたのです。

中で，戦後の所沢車輛工場の内部を知る退役老工員との出会いは驚きに満ちたものでした。

私はすっかり忘却の彼方にあった"あの"流線型廃車体の事をフト思い出し，尋ねてみたのです。

"そんなもの，まだ残っとりましたか……。アレはレッドアロー号の遠い御先祖様ですヨ"

老人の話を，記憶の限り以下に記します。

"吾野線を先に伸ばして正丸峠を越え，秩父盆地までもって行く話は，終戦直後から聞いていました。

もちろん，復興需要のセメント輸送で一儲けをねらった訳ですが，もうひとつ，平和な時代に観光レクリエーション客の増加も期待していたはずです。西武は土地・観光開発のプロですから…。

武甲の白い峰を，白雪を頂くアルプスに見立て，秩父全体を"日本のスイス"として売り出そうと云う夢のような話です。

実際スイス製の電気機関車も国鉄から格安に譲り受け，私達は苦労して整備しました。（BBC製E51, 52の事，旧国鉄ED12形）

計画は着々と進んでいたのです。そして次に上から来た命令は"スイスの電車を作れ！"と云う，とんでもないモノだったのです。

当時，日本の鉄道技術者にとり，先進のスイス鉄道はあこがれの的。

国鉄は軽量車体の技術研究に技師を派遣留学させ，関西の大手私鉄系メーカーはいち早くスイスメーカーと提携して，スイス型の高性能台車をライセンス生産しようとしていました。

私達の工場にそんなユトリはありません。

工場内に豊富に転っていたのは，終戦後のドサクサで二束三文で手に入れた戦災省電の焼けた車体と台車，それに千葉の鉄連跡から運び込んだ

旧陸軍系の鉄道資材の山のみです。

　それを使って，"スイスの電車"を作れと云うのです……。

　私達は皆目見当がつきませんでした。

　当時池袋に未だ珍しかった洋書屋サンが出来，欧米の鉄道事情を知る資料も無いではなかったのですが，1ドル360円の時代，その高価な本を買う経費さえ出なかったのです。

　その時，技師長が持って来たのが，"科学大観"と云う少年向けの大阪の科学雑誌。

　口絵の真っ赤な流線型電車に皆引きつけられました。スイス国鉄の「赤い矢」号と説明にあります。

　戦後復活したアルプス観光に只今大活躍中とあります。

　"これだ！これを作ろう!!"衆議一致しました。

　もとより図面はおろか，寸法データさえ一切無く，でもあったところでソックリそのまま作れるハズもなく，又，それは工場のプライドが許しません。

　どうせ17m焼け電の更生で作る他ないのですから気楽なものです。比較的程度の良さそうな鋼体の前後端を切り取り，台枠は鉄連の古レールで半円アーチ状に前後に延長，流線型のおおまかな骨組みも，古レール（こちらは軽便線用の細いものだった由）で組んで，2ミリの軟鋼板をバーナーで焼いては叩きをくり返してRを出した外板を張って行なったのです。

　写真や絵本と首っ引きで行なったこの辺のR出しは本当に勉強になりました。又，自信の出来映えでした。でも正直，まえ・うしろで少し違っ

ていましたけど…。

　台車はお古のTR11（DT10），戦時型パンタのPS13を載せて，他の電装品もみんな国鉄の払下げ品，もしくは横流し品。

　少し外板がベコベコしているけれど，強引にパテ付けしてピカピカに塗り上げ，日本版「赤い矢」は見事完成したのです。相当"重い"電車になりました。

　もとより当初から客扱いの実用は考えておらず，工場内の技能向上，将来への試行試作の意味合いの強い車でしたので，設計認可も何も受けておらず，工場内の機械扱い，けん引車代用でした。自重があるので結構役に立ちました。

　大きな声で云えませんが，一度だけ本線に引き出し，吾野線（飯能←→吾野）で試運転してみた事があります。

　秋の一日，沿線には彼岸花が満開の時で，赤い電車と花の対比は夢のようでした。

　結局，秩父伸延は，正丸峠がネックとなって計画倒れ，何十年も経ってやっと（当時）私鉄最長と云われた正丸トンネルが出来て，今の秩父新線が開通したのです。

　私達の作った「赤い矢」は，とうに忘れ去られ，日の目を見る事無く消え去りましたが，工場の若い後輩達は見事なロマンスカー5000系を作り上げ，"レッドアロー"の愛称まで付けてくれました。そうです，アレは所沢工場でも作られたものです。

　私達のやった事は無駄ではなかったと思うと，本当に嬉しいですヨ……。

─────・─────

　ざっと以上の話を聞いたのが，かれこれ20数年前。

　それ以来，私がこの幻の日本版「赤い矢」を模型に作りたいと思うようになったのは云う迄もありません。そして，本物の「赤い矢」の前頭プレスHOパーツを輸出メーカーのジャンクセールでたまたまラッキーにも入手したまでは良かったのですが，例に依って忘却の彼方……。大そうじでそのプレスパーツを再発見，思いが蘇った訳です。

　大変特殊なパーツ使用であり，又一般的とは云い難い（極めて個人的と云ってよい…）テーマの作でもあります故，写真中心に製作のあらましのみ御覧いただき，責を果たしたく思います。

〇写真1

　再発見されたSBB "Rote pfeil"（赤い矢）号の前頭プレスパーツ。輸出メーカーのB級ジャンク品で，一部穴アケにミスがありますが極めて美しい"深しぼり"の厚板プレスは見事。

　入っていたビニール小袋に一個300円とあります。

〇写真2

　プロトタイプに倣って中間部の車体側板は17m省電のキット切り継ぎで軽く済ませました。

　作例は小高のサハ75用を加工中ですが，クハ65でも（もちろんモハ50でも）OK。

　黒丸部を継ぐ訳で，つまり800ミリ（1センチ）幅の窓が，両客扉間に8個並べは良いのです。

　20mのモハ40, 41, 60，又クハ55でも同じ事が出来ます。

〇写真3

　切り継いだ側板左右2枚と前後用プレスパーツを並べてパチリ。

　窓枠板はキットのものは中桟が太く，シャープさに欠けるので，継ぎ目補強も兼ねて一枚板（廃品ボール紙）より新規切り出し自作。

　プレスドアを大き目に切り出して，前面パーツとのノリシロを充分に確

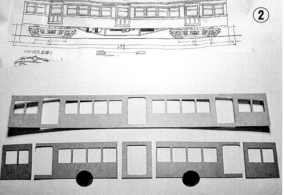

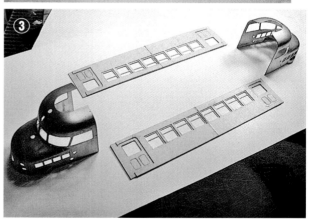

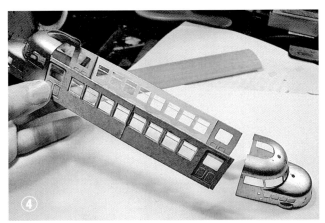

○写真4

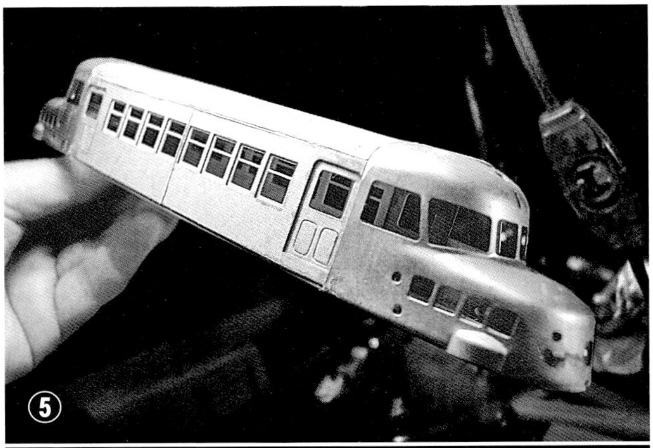

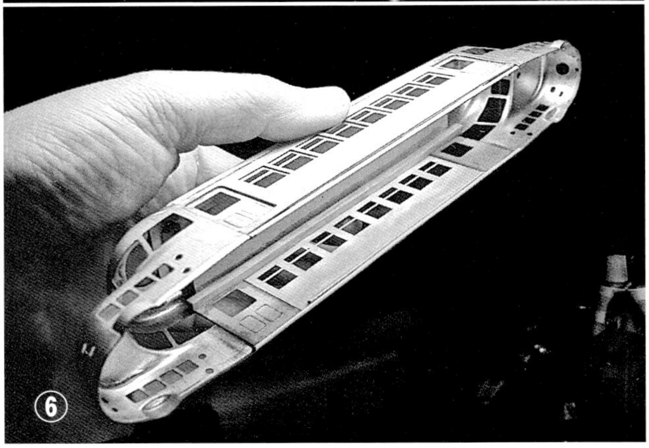

瞬間／エポキシ併用で組立中。

前頭プレスパーツの幅は35ミリで，ピッタリ国電サイズ！

もし使用側板の高さが29ミリあり，屋根厚みが7ミリあれば，ほとんど断面はピッタリ合致するのですが，小高の国電キットの場合，わずかに側板高さが足りず，小加工が必要でした。

屋根板は手持ち各種を当てがったところ，大阪八尾の大谷模型店で売っていた近鉄スナックカーのプレスボードキット用のものが一番ピッタリ来るようでした。（写真後方に写っている）

わざわざそのようなものを捜さずとも，今はもっと色々種類が出廻っているのかも知れません。

○写真5

一応組み上ったボディー。

側板高さの不足，屋根断面のいくらかの不整合が良く判るカットです。相当の下地処理，削り合わせが必要となりましょう。

又，側板の切り継ぎ方法にもギモンあり…。1ミリの窓柱を真中で割って継いでいるのですが，この部分の処理，最後まで手こずりました。（ミゾが消えなかった……。以後の写真を注意して御覧になると苦労がわかります……）

柱をどちらかの窓に寄せ，他方の窓をコの字に切ってしまう方法と，どちらが良かったか……。一長一短の気もします。一番良いのは，ペーパールーフ式に中間ボディーを全自作する事で，展開寸のみ正確にとっておけば，屋根Rの修正もツギ目処理も，何も心配要らない訳です。

○写真6

内側から見た組立済ボディー。側板スソにφ1ミリの線材を貼って，長手補強兼，側板高さ不足の補正を試みています。角材等の補強は最小限，新製した窓枠板もよく判ります。

○写真7

サンドペーパーをかける……と云うよりは，平らな机の上に敷いたサンドペーパーにゴシゴシこすり付ける如くにして屋根を修整削正。

サーフェイサー吹きと耐水ペーパー磨きをくり返して，何とかこの状態までこぎ付けました。

床はノーマルな木製，あり合わせ

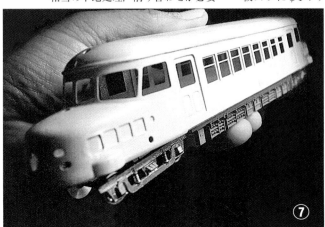

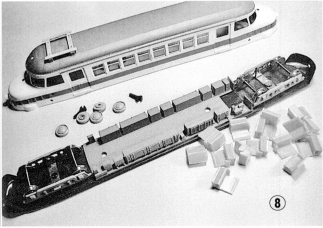

86

のプラ床下機器と，"本物通り"使い廻しのDT10（旧テツモ系のパーツ，多分昔のモハ50のキットの名残の品）で足廻りも完成。床下機器は旧国用のセット売りの品を丹念に一個ずつ取り付けるのが本当はBEST！

○写真8

基本塗装完了。想像をたくましくして，現代（と云うか"先代"）レッドアローと同色に塗ってみました。濃青灰色の屋根（一時期の所沢製の特徴）に，それより少し明るい灰色のグロベン。

パンタは正規のPS13を取り付けたいので，ちゃんと14×16ミリに取付孔のネジが切ってある市販パンタ台（エコー製）を用意。これから内装工事。

それら資材一式が写っていますが，これは国鉄の払下，横流し品でなく，ちゃんと私の正規購入品！

○写真9

シートはKTMのシングルクロスをいったん完全にバラバラに切り離して削り直し，気合を入れて再配置。写真の如きボックス席，座席定員32名のユッタリ配置にしました。800ミリ窓2枚に対し，一組のボックス席，向かい合わせの固定座席ですから，旧国鉄の2等車をしのぐ，もしくは同等のデラックス車内と云えます。

○写真10

完成した床板まわり。

床板は時代性を考え，あえて木張りの質感を生かして無塗装そのまま。

その上に並ぶソファのようなグリーンのシートのヒジ掛けとマクラに白いカバーがかかって，先ずは堂々の観光用電車。運転台仕切りも取り付けましたが，「乗務員扉」の無いのが如何にも"試作車"で，実用にはやはり無理のあった事がしのばれます。WCも欲しいところ。

グロベンは，一番パンタに近い一個は，私の設計・取付ミス。この時代，絶縁上危険，不安があります。不要です。

———・———

さて，完成しました。

各方向から撮った作品完成写真をもう一つ軽く御覧いただいて，この"物語"の完結，終了です。

背後に写っている標本はもちろん本物で，1960〜70年代初頭にかけ一番元気の良かった頃の私自身が所沢周辺，狭山丘陵を駆け巡って採集，作製したものです。

巨大なカブトムシも，大アゴのするどく弯曲したノコギリクワガタも本当に居たのです。

疑い無く"自然の宝庫"と云えた狭山の森，今はどうなっているのかな〜と，遠く離れた地で想います……。

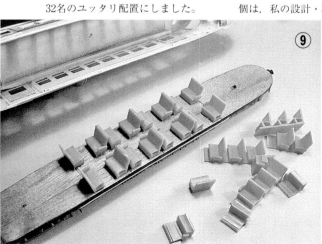

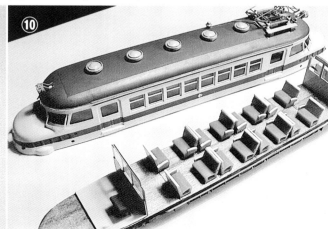

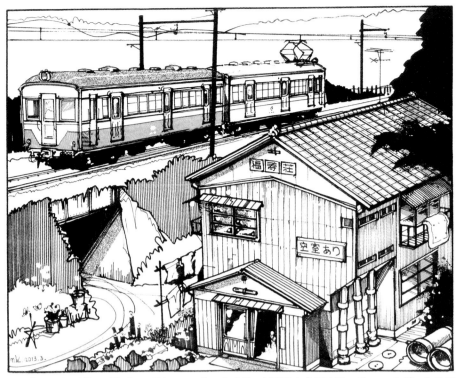

"やっぱり
　所沢が好き…"

　…と，ここで終ってしまっては，少々無責任の誹りを免れません。

　正直の処，「ウソ」がひとつだけあります。

　それは，この日本版「赤い矢」号は実在しないと云う事です。

　西武所沢車輛工場がこのような電車を試作製造した事実は一切ありません。

　工場の塀の廻りを巡って，いつも破れ穴から中を覗いていたのも本当，基地跡地に出来た大病院に入退院をくり返したのも本当，老工員との出会いも本当，毎夜のようにロビーで体験談，昔話を伺ったのもすべて事実です。

　私はその興味深い聞き取りを，毎回，氏の"監修"の下，手描きイラストを交えて記録し，その大学ノート一冊は今も手許にあります。

　そのタイトルは「日本自工バスボディー製作要領」。

　そうです，その方は所沢工場の車輛技師でなく，終戦後，中野の日本自工と云うコーチビルダーでバスボディーの架装を手掛けていた技師さんだったのです。

　"日本自動車工業"は川崎に本工場，中野に分工場を持ち，朝鮮特需では軍用トラックのボディー（荷台の事）の仕事等も入って繁忙を極めるも，直後，大きな労働争議を発生して会社解散。砂町の汽車会社でバイトしていたと云うから，鉄道車輛とも全く無関係でもありません。

　私と前後して退院し，20年が過ぎました。

　したがって，本文中，老工員の回想部分のみはフィクション。バスの話を鉄道車輛に置き換えたもの。又，私自身のサラリーマン時代の"心の叫び"（!?）のようなものも入っています。

　もしや，すべてが"真実"と誤解されても困るので，最後の最後に，なくもがなのネタバラシ。

　「真説」ならぬ，とんだ「珍説」にお付き合い頂いた読者諸氏には，おわびと共に感謝にたえません。

　でも，あの頃の所沢工場，本当にこんな"何でもアリ"の雰囲気が漂っていました。

　そして，私はあの頃の所沢，そしてその周辺の雰囲気が，今も大好きです。　　　　　　　　　　以　上

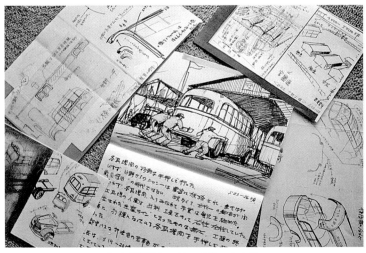

すべて病院のロビーで描いた本物

第3章

ストラクチャー工作雑感

貴方の"夢"の家も，また，決して忘れる事のない想い出の家も，
多分，どこにも売ってはいないと思います。
何故なら，それは一人ひとり，みんな違うはずのものだから…。

ストラクチャー工作雑感
小さな工場を作りましょう！

―― 貴方も工場経営者 ――

　本当に小さな工場です。
　あえて"縮尺1/80"などとも書きません。1/80〜1/87, 16.5mm軌間のスタンダードなHOゲージから、ナロー9mm軌間のミニレイアウトまで、柔軟に、幅広く利用していただけるよう、相当考えたデザイン・寸法設定です。
　安価な（〜300円くらい）市販のシルク印刷の塩ビ窓枠板1枚のみ購入していただく事になります。
　あとは何も特別なものは要りません。
　特別な事は何もありません。
　身の廻りのものを上手に利用して、工夫しだいで貴方だけの「工場」を作っていただけるはずです。
　さぁ, 貴方も今日から工場経営者！
　倒産, 廃業させて, ツタにおおわれた"廃工場"にするも良し、元気よく煙を吐きつづける盛業工場に仕上げるのも, 貴方の"腕"しだいです。(残念ながら, この作品の基本プロトタイプとなった川向こうの隣町の工場は, 大分前に前者の仲間入りをしてしまいました)

　さて, 工場にはいろいろなカタチのものがあって, 最近出来るのは, 平べったいのが多いようです。
　今, アパートの窓から海側に見える建設中の巨大液晶パネル工場なども, 窓の全く無い四角四面の白いハコで, 作るのは本当にカンタンそうです。(模型としても実物としても……)
　でも, 模型は上から見る事が多いので, それではつまりません。
　周辺の道路は急速に整備されて, 見違えるようになりましたが, "鉄道"とのかかわりは何もありません。
　これも我々には物足りない事です。
　昔, 良く見かけたノコギリの刃のような, ギザギザ屋根のを作る事にしましょう。
　これは建屋内の採光が良く, 構造的に木骨木造でも相当大きなものまで丈夫に作れるので, 昔は業種を問わず, ポピュラーなものでした。
　そして小さな引込線や構内軌道と云ったものとのかかわりも考えてみましょう。
　それが私の思い描く, レイアウト用ストラクチャーとしての「工場」の第一条件, 第一歩です。

――・――

　実は私にとって今回お目にかける作例が, 典型的「町工場」のイメージそのものなのです。
　その辺の思いはすでに何度も描き, 書いてきたようにも思います。
　しかし, 多分, 現代に於いて, この建物に,「まちこうば」の親しみを感じる人は少ないと思われます。
　表題タイトルは, 涙をのんで（？）フツーに「小さな工場」としておきました。

工場の建物には，いろいろの要素があります。

漫然と全体を眺めていても，何だかゴチャゴチャしていて判りづらいかも知れません。

少し整理してみましょう。

Ⓐ先ず，実際にモノを作り出している"作業場"としての本体建屋。

要するに，雨露をしのぐ屋根のかかった，ガランとした広いタタキのスペースであれば良く，その中に業種に応じ様々の機械を据え，又，生産ラインを整える訳です。

Ⓑそして，各々業種に応じ，又，必要に応じて，付属する様々の設備が建物の外部に露出し，野外に据え付けられる事でしょう。つまり，エントツ，タンク，サイロ，ホッパー，又，様々のダクト，パイプ等々です。

これを本体建屋に対し"屋外付属設備"とでも呼んでおきましょう。変電設備も要りましょう。

Ⓒ更に，原材料の搬入，製品の出荷時などの事務をとりしきり，経理をこなす事務棟が別棟で必要になるかも知れません。商談なども，ここで行われるはずです。

小さな応接室や社長室を備えれば，それは「本社」と呼ばれるかも知れません。

Ⓓそれら，モロモロの運搬手段とのかかわりに於いて，小さなホーム，専用岸壁，トラックや乗用車のガレージと云ったものの存在にも目を向けてみましょう。

以上の如く整理して眺めれば，規模の大小・業種にかかわらず，工場と云ったものの輪郭が良く見えてくると思います。今も昔もこの基本はかわりません。

今回はⒷ(付属設備)の要素には触れないことにします。

作例も，その部分・要素に関し，作り込みを避けてあります。

皆様のレイアウトのイメージに合わせ，業種を特定し，各々研究工夫して追加工作していただければと思います。様々の身の廻り品，廃品を駆使してタンクやパイピングを作っていくのは楽しいものです。

NゲージGMプラキット中に，そのものズバリ，「工場付属設備」(2種あり)と云うのがあります。

1/150世界での使用が建前ですが，実際の工場にサイズの大小がある如く，HOサイズとして充分流用可能のものです。

繊細なモールドのプラキットは，この小型工場用として，むしろ，おあつらえ向きとさえ云え，ここに一言付記しておきます。(最近あまり市場で見かけないのが残念)

小さな工場・実製作

TMS801号－2009年11月号で発表した"小さな作業所"と色々見比べ，読み比べ，対比していただくと判り易く，又，いろいろ気付いていただける事もあろうかと思います。

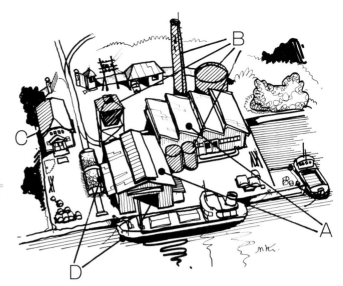

特に，主材料は"作業所"と全く同一。要は，残りモノです。

その本文中にも記した如く，作品完成後，説明写真用に同じ物を捜し出して，もう一冊買ってきたスケッチブックを，今回のもので使い切った訳です。

したがって，材料については，特に必要のある場合をのぞき，くり返しません。

もとより，"スケッチブック"にこだわる必要も更に無く，何か適切な空箱，用紙等材料は何でも構いません。ひとつの"目安"です。

下に材料展開寸法図を掲げます。

屋根(大・小あり，注意！)は，スペースの都合で重ねて描いてあるので判りづらいかも知れません。

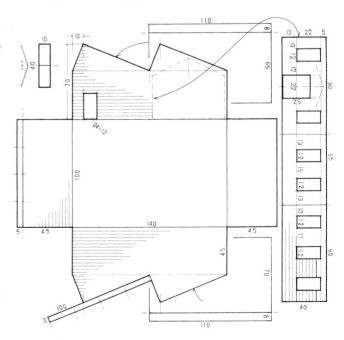

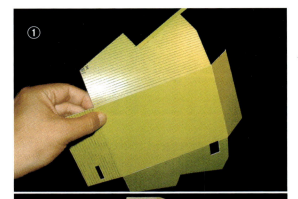

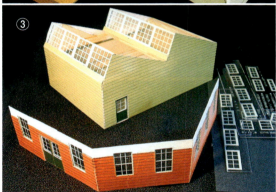

でも右頁の全体組立図と対比されれば一目で御理解いただけましょう。

尚，どのみち，本体壁体等とは別材料より切り出す事になるベースボード，又，事務棟（本体右の付属屋）の屋根展開寸法等は，この組立図右上隅に小さく描き加えておきました。

以下，工程写真と対比させつつ——。

写真①

灰緑色のスケッチブック表紙より切り出された最も基本となる本体建屋の壁体。

下見板のスジ付けは例によって古ボールペンで3ミリ間隔。

窓が殆ど無いので（～理由は後述）切り抜きは楽々こなせると思います。

大きく2つに（二通り）ある私の建物展開法の内，これは敷地底面を基準に，壁面を立ち上げる方法。全体がわずかでも平行四辺形にゆがんでしまうと，後のガラス貼りに重大な支障が出る可能性もある今回の建物に適わしい展開法なのです。（明り取り窓が床面に対し垂直なら別段問題無いのですが——）

対して，敷地の制約，特殊性などから，壁体をギュッと平行四辺形に押しつぶしてしまいたいような時，私は壁面のみを全部ヨコにひとつなぎにケガきます。

そしてその場合，屋根・床などは現物合わせで後刻寸法取りする事になる訳です。

写真②

本体は組み上がり，他パーツも全部切り出されました。

冒頭述べた窓枠板（エコーモデル，ストラクチャー用窓枠B，2色あり）も入手，奥に並べてあります。

私は事務棟の壁体は，本体建屋と色違いの材料から切り出しましたが，これは，もちろん同色・同材料で構いません。実物的に考えて，両棟の下見板をわざわざ別色のペイントで塗る必然性はあまり無いはずです。（モデルはもちろん無塗装仕上げ前提です）

写真③

窓枠板を貼っています。

組立図中に基本的な利用アイデアを示してありますが，工夫で他の方法もありましょう。

↑写真⑤の追加，本体を背面から見たアングル

ポイントとなるノコギリ屋根の明り取り窓には,「機関庫用」と記されたタテ長の大窓を90°倒してヨコにし,更にその上部明り窓の部分を取り去ってヨコ25ミリ幅に統一し,4枚ずつ並べて貼っていくのです。(作例は,寸法的試行錯誤を重ねつつ行なっており,必ずしも上述解説の述く,スムースになっていません。本製作記事通り作られる場合,上記の如くに問題なく進行出来るはずです)

　他の雑多な窓に関しては,極力,周辺余白を大きくとって,ノリシロとして使い,ゴム系接着剤で位置微調整を行ないつつ,歪まぬよう慎重に貼って下さい。

　ゴム系なら,万一表面にはみ出しても,ツマヨウジの先などでペタペタとキレイに取り去る事が出来ます。

写真④

　すべてガラス(窓枠板)貼りの終った各部をベースボード上に並べて固着。

　本体建屋内部はガランドウなので,床に黒い紙を敷いてから屋根を載せる事にします。

　プロトタイプの特徴通り,採光の良い建屋内は,こうでもしておかないと,床が白く目立って空疎な感じが強調されてしまいます。これで,建物壁体側面に大きな窓でも追加したら,もう,内部に本格的に機械でも並べない限り,HOモデルとしては観賞に耐えないものになる可能性さえあります。

　逆に云うなら,業種を特定し,内部を作り込むなら,側面壁体に窓を追加するのは最も効果的と云え,ここから先の工程はいくらでも工夫しがいのあるところとなり

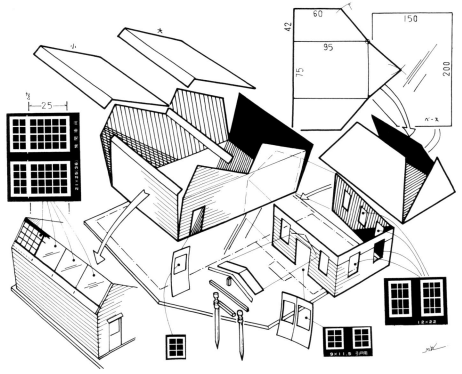

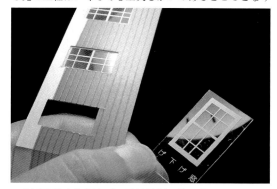

↑写真③窓枠板をゴム系接着剤で貼り付けるところ

ます。

　「見せかけの柱」,「実質の柱」のことなど,すでに何度も記してきました。

　このカットにも,その様子が良く写っているはずです。(今回作例では,前者=1×1〜1.5×1.5ミリ,後者=3×3〜4×4ミリ)

写真⑤

　本体に屋根を載せ,私は最終的に,この上に更にケーキ箱の段ボールを貼って,スレート屋根を表現しました。

　事務棟の屋根は,最近凝っているいろいろなパンフや広告,ダイレクトメールのアート紙などをコラージュしたトタンのつぎはぎ模様仕上げ(?)です。正面玄関はつまようじ細工。

　少々手抜きの背面アングルの写真も1枚だけ追加しておきます。小エントツはストロー。

　さて,ここからが様々なバリエイション工作。まだまだ完成とはいきません!

　大体,いかに小工場とは云え,本体に扉が少なすぎます。

　工場と云うのは,材料・製品の搬入搬出,さらには大型設備・機械の据え付け,点検などの為,様々な仕掛けの大型扉が備えられているもので,又,内部は見通せないまでも,もう少し「窓」も欲しい気がします。

　それら細部の仕様は夫々のレイアウト線路(引込線)との兼ね合いによって必然的に決まってくる事もあるし,又,景観・風景論的見地から決まってくる事もありましょう。

　のっぺりした大面積の下見板の壁面に1ヶ所のみ開いた窓(扉)と云うのは,結構印象深いもので,レイアウ

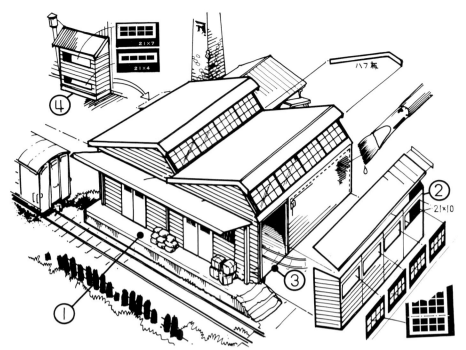

ト上，設置場所によってはその1ヶ所の位置，サイズが全体印象を左右する事さえあるはずです。

そう云う「こだわり」もあって良いでしょう。

ですから，私はどんなサイズの窓・扉を，どの位置に設けると云った指定・特定まではしない事にします。

かわりに，一般論としてのイラストを1枚追加で掲げておきます。

①側面いっぱいに貨物ホームを設定し，外付けで大きな引き戸と差し掛け屋根を設けるアイデア。

すべてのパーツ・部材は本体の基本完成後，後付け，貼り重ねるだけですみますから，今から如何ようにもアレンジ出来ましょう。

右の上写真は，一般的なワム貨車を用いて，その際のバランス感を見ています。

下写真は，同じアイデアを正面，明り窓のある側で，レム貨車を使って試しているところ。

貨車はもちろん1/80製品ですが，例えば，1/87であったとしても，充分バランスがとれるであろう程度の小さな工場であるのが理解されるはずです。（下見板のピッチだけ，少しアレンジしてやれば良いのです）

さて，イラスト中の②は，壁面に後付けで窓を増設するアイデア。

完成品に無理矢理カッターを立てて窓抜きするのでなく，このように，本体にはりついたような「増築部分」を設定してやるのです。（先の工程写真の⑤も参照）

こうすれば無理なく，どこにでも，いくつでも窓を増やせますし，カタチにも変化が付いて，一挙両得！

この増築部を取り付ける部分の本体壁面の下見板は，ツヤ消しの黒又はダークグレー等で塗り潰しておかないと変な事になります。

この部分の窓枠には，先に明り窓を貼った時，切り取った残りを用いるとピッチが合います。

右写真は以上述べたアイデアを合成アレンジした私の一応の完成状況。"ベイウィンドウ"風の張り出し窓も見えます。

更にイラストの③に，ナローの構内軌道を直接引き込むアイデアを示してあります。

この場合は，やはり最初から或る程度予定を立てて，適切な開口位置を決定し，内装工作等も必要になりましょう。

ナロー軌道に見立てたNゲージミニカーブのR140と1/87トロッコ製品とのからみで，サイズのバランス感のみ，御覧に入れておきます。

見事にピッタリ，全建物がエンドレス中に納まります！

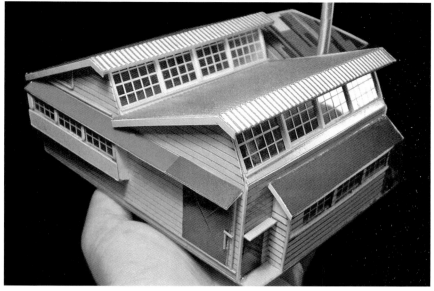

　更に、イラスト中の④は、トイレを増設するアイデアで、図中に示す指定窓枠パーツ（〜必ずしもWC用ではないようですが……）を用いると、購入した窓枠板1セットほとんど無駄なく全部使い切る事になるはずです。

　作例のトイレは、図に示すような増築外付けタイプとは異なり、はじめから本体に作り付けでトイレを設定してある事は、先の背面アングルの写真でお判りでしょう。

　工員さんも、事務の人も、わけへだてなく共用で使いやすいような位置に設定してあるわけです。

　以上の様々のアレンジ・付加要因等を自由に取捨選択され、更に、先述した"屋外付属設備"の要素を研究追加工作されて、貴方の工場は、"操業開始"となります。

　環境に配慮したクリーンな工場、もとより結構ですが、私はレイアウトの工場から、あえてガチャガチャと機械音を響かせ、モクモクとケムリを吐かせたい気もします。

　開け放たれた外吊り大扉の暗がりの中、赤い豆球（今はLEDか…）の明滅で炉の火を演出するのもやってみたい事です。

　私はすでに旧世代の人間のようです。

　昔、親しんだそんな町工場は、あらかた取り壊されて、今、その跡地はシャレた新興住宅が並んでいます。

　生き残ったのは技術革新を乗り切った大工場ばかり——私の町のは皆、優等生ぞろいです。

　住宅地とは、"浜手緑地"と云う広大なグリーンベルトで隔離され、工場自体も金網のフェンス越し、緑の芝生の中に静まり返っています。（もしくは、ウ——ンと軽い機械音が響いています）

　窓ひとつ無い白い巨大なハコは、まさにブラックボックスならぬ、ホワイトボックス！

　人を寄せつけぬ雰囲気があり、実際ほとんど人の気配がありません。

　先端産業と云うのは、そう云う環境下でないと成立しないのかも知れないし、それが地域経済に貢献してくれるなら、別に云う事はありません。

　ただ、何を作っているのか中で何がおこなわれているのか良く判らない、とりすました工場群が、住民に"郷土の誇り""我が町の産業"の感覚、愛情を抱かせ得るのか、チョット"？"のような気がしないでもありません。

　いくつかの企業は、その辺を察してか、自社の工場見学ツアーのようなものを始めた事が地元タウン誌に載りました。

　良い機会なので、一度巨大工場の中をのぞいて来ようかとも思います。

　見ても、多分チンプンカンプンかも知れませんけれども……。

——・——

　私が本当に作りたいのは、やはり遠い思い出の中の"のこぎり屋根"なのです。

　一番古い記憶の中のそれは、生まれた町の生まれた家のそばにあったタイル工場です。

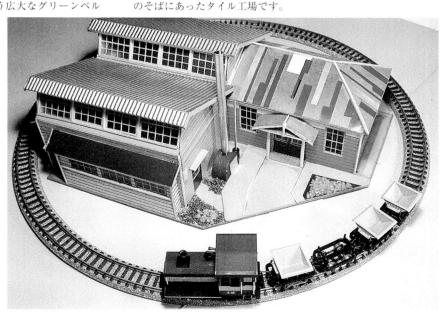

　銭湯はじめ，いろいろな店舗の装飾に使う美しい絵タイルを作る町工場で，仕事にきびしい工場長でも居たのか，そんなに大量の不良品を出して商売成り立つのかと思う程の，半端品の山が建屋の横の空き地に，うず高く打ち捨ててありました。

　焼き上がりに，わずかのキズ，色ムラでも生じたのか，七宝焼きのようにキレイな大判の絵タイルが，無残に割られて山のように捨ててあったのです。

　よく，その廃タイルの山にガラガラ登って，お気に入りを拾って来ては，宝物のコレクションに加えていました。

　家からその工場への近道は，途中に小川（～と云うか小さな水路）があり，半ば壊れた水門があって，そのコンクリの破片の上をチョンチョンと渡って行くのが一番近道だったのですが，水に落ちそうで怖かったのを今も覚えています。

　手仕事で1枚1枚絵付けして焼き上げるあんな凝ったタイル，多分日本ではもう作っていない（？）のではないかと思うし，あったとしても"超高級品"になっていると思います。

　工場の背後には中央（西）線の線路が通っていて，タイル片の山に登ると，その築堤が見通せました。

　すすけた真っ黒の客車列車や貨物ばっかり見慣れた中，或る日の夕方，目も覚めるような流線型の単行車がヒュルルル……と云ったような聞き慣れない軽い音を残して，走り去って行き，私は大変興奮しました。

　当時，もちろん車輛の形式名など知る由もなかったのですが，カタチや色の記憶は鮮烈で，今思うとそれはキハ42500形——戦前のキハ42000をディーゼル化して新製（又は改造）された戦後最初期のディーゼルカーだったろうと思います。

　今にして思えば，地味なグレイがかったクリーム色と濃青のツートンが，色の乏しかったあの頃，本当にキレイで，塗り立てのようなペイントが西日にピカピカ輝いていました。

　私の生涯で初めて見た「ディーゼルカー」であったろうと思います。

　昭和20年代の後半，名古屋郊外，勝川（かちがわ）と云う町の想い出です。

　私はそこで生まれました。

筆者のタイル趣味は1日2日のものではなかった
（TMS802号－2009年12月号の0番駅の作り方2009より）

以上

ストラクチャー工作雑感
ガソリンスタンド考

　人それぞれの興味，物の見方はありましょうが，私自身，街中を歩いていて一番目に止まる，又，気に掛かる建物は，ファミリーレストランやファストフードのチェーン店と，交差点の四ッ角に建つガソリンスタンドです。

　別段，私は，とり立てて喰いしん坊ではないし，カーマニヤでもありません。

　ばかりか，自身，クルマを持った事も運転した事も一度もなく，加えて，長らく厳しい食事制限中の身の上です。

　なのに，何故，ファミレスやGSに目がいくかと云うと，やはり"デザイン"だと思います。

　どちらも大きなバックボーンのある業種だろうと思うし，CIにもそれなりのお金を掛けて，一流デザイナーの手になる華かな広告塔，サインポールを高々と掲げ，建物そのものや従業員の制服制帽，所作やしゃべり口調にまで，トータルに統一されたフォーマットの存在を感じます。

　もちろんサービス業なら，どの業種でも多かれ少なかれ，同様の事はやっていると思うのですが，それが一番判り易いカタチで，しかも高いレベルで表に出て，目立つのが大手外食やガソリンスタンドのチェーンだと思うのです。

　私は"郊外レストラン"と云ったものの模型化にも，けっこう興味があり，赤白ダンダラ模様の屋根の下，白髪，白いスーツに蝶ネクタイの老紳士が満面の笑顔で迎えてくれるKFCのお店など，1/24くらいのビッグスケールで作って，同スケールのクルマやフィギュアのコレクションを楽しく並べてディスプレイしたい気持ちは前々からあります。

　ただ，その辺になってくると，如何に個人作品と云え，ちょっと「商標」などと云った問題もからんで来るかも知れないし，やはり正直丸々作るとなると，サイズ的にもチョット大きくなりすぎて荷が重い気もします。

　鉄道模型ストラクチャーも，"昭和ノスタルジィ"のみを追う事なく，そろそろ本気で"現代"に目を向けたら良いのに……とも思います。

　そして，堂々タイアップして，楽しい，コンテンポラリィな「商品」を安く提供してくれるなら，お店の方も，模型ファンも一挙両得，大喜びです。

——・——・——

　さて，ここから表題の"ガソリンスタンド"。(以下，すべて"GS"と略します)

　私のGSを見る目は，ファミレスと変りません。

　車に乗らないからGSを利用する事もないし，どのチェーンのサービスが良いとか安いとか，はた又，技術的に信頼が置けるとか，深いところは全く知りません。

　あくまで外見上，表層的な見方・興味かも知れません。

　でも，昔からミニカーを集めて来て，そのアクセサリィとしてのGS関連の小物は，今も手許にたくさん残っています。

　押入れを"夜捜し"して，とり合えず見付かったものだけ並べて写真

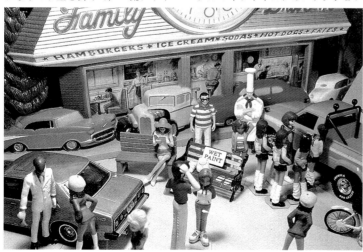

1/24位のビッグスケールのクルマやフィギュアのコレクション。バックの建物は壁かけクロックのローレリーフ。

↓ 1/43コレクションミニカーを使ったガソリンスタンドのジオラマ

↓ イマイ製 1/40 ガソリンスタンド。組立完成状況と筆者購入品のオリジナルパッケージ

に撮ってみました。

この種のアクセサリィは、ミニカーの歴史同様、大変古くから存在し、しかし、当然の事ながら、あまり厳密に何分の1と云った縮尺、スケール感にこだわったものは少なく、多くは、洗車ブラシがクルクル廻ったり……など"小児のミニカー遊び"用と云ったものです。

その中で、私自身のカーモデルのこだわり、1/43（ダイキャスト）、1/24（プラ）と云った縮尺を中心に、その近傍サイズで目に止まったものを買い集めていたのです。

中には、総ダイキャスト製で、ズッシリ重く、ライターとして実用になる"計量器"、又、"鉄道模型レーマンLGB用"とパッケージ表示されたドイツ製品（したがって、多分 1/22.5）もあります。

石油会社のロゴマークからも伺える如く、何れも古いもので、多分もう売っていないものばかりと思いますので詳しくは述べませんが、この種のコレクションの楽しさは伝わると思います。（今は又、別の製品がいろいろありましょう）

本題の鉄道模型ストラクチャーとしてのGSは、私自身、Nゲージ初期の香港製輸入ストラクチャー中に、アメリカンスタイルの「ガソリンスタンド」と云う製品があったのを思い出しますが、自動車文化の先進国アメリカ（向）の製品にしては、正直、殺風景でチャチな印象がありました。

そのシリーズの中の「学校（スクールハウス）」が私に、かなりの好印象を残した事は以前書きましたし、又、大きな「給炭台」は手の込んだ作りの割に安価で、日本型レイアウトにもよく使われ好評でした。

「給水タンク」は、米国特有の木造の大きな桶型の

スタイルで，その「タガ」のはめ方が昔，特集シリーズで読んだ山崎主筆の「貯水槽の作り方」そのままで，ナルホド…と感じ入ったのを昨日の事のように想い出します。

対して，件のGSは，全くオープンな吹きさらしのスペース（約8×12センチ）に四角四面の無愛想な建屋と計量器があるのみで，当時，日本でさえポピュラーになりつつあった大きな上屋（キャノピー）も何もなく，唯「エッソ」（ESSO＝当時）の看板が，リアルに再現してあるのに，明らかにコカコーラと判る自販機のロゴのみ少し意図的に違えてあるところに，アメリカの商習慣のきびしさを感じたりしました。もう何十年も昔の想い出です。

―――・―・―――

最近になって知ったのですが，街角で目立つ，あの特徴的な巨大なキャノピー（～これ，GSの建物で上屋を呼ぶ時の専門用語との事）は，どうやら日本特有のものかも知れません。

あのキチンとした制服制帽，大声のあいさつ，深々としたおじぎの仕方等々…考えてみれば如何にも日本的と思えなくもなく，大きな屋根で給油スペース全体をカバーしてしまうのも，多雨の国，日本ならではの発想，接客サービスのひとつなのかも知れません。

我々が如何にも"アメリカ的"と思い込んでいるものの中に，意外にも日本発想のものがある事は，先日（～本稿執筆2009年春）特に関西で大きく報道された"カーネル人形発見騒動"でも知りました。

KFCの店頭に，あの等身大の創

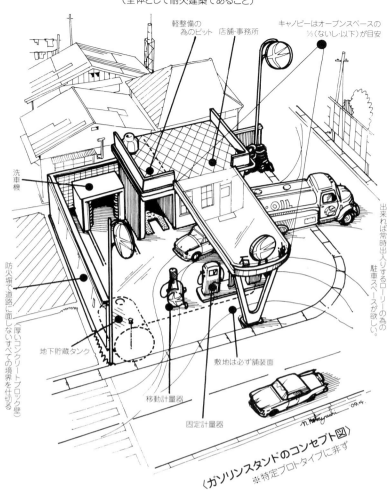

（ガソリンスタンドのコンセプト図）
※特定プロトタイプに非ず

業者人形を置くのは，実は日本の店舗からはじまったもののようで，「ペコちゃん」や「ケロヨン」の伝統が生んだ日本人特有の発想のようです。

但し，日本のGSも昔はあんな大きな屋根など無かったと思うし，少し古い建築・消防法規の資料など漁ると，"敷地面積から建物を除いた1/3以上を屋根等でおおってはならない"と云った意味の記述があります。

つまり，揮発性・発火性の高い

←これは本場米国HO製品に見るケンタッキーフライドチキン（一部改造・筆者旧作）イラストはあっても製品の中に人形は見当たらなかった。

燃料の補給・取扱いは，「屋外作業」が原則である訳で，これは，貯蔵タンクを地下に設けて地表は，しっかりコンクリートでおおい，その敷地周辺に防火壁（防火塀）を巡らせると云う一連のGS建築の基本原則と考え併せ，理解できるところです。

今は交差点のビルの一角，その1FをGSにしたり，敷地全体をおおう高いキャノピーの天井からスルスルッと給油ホースが下りて来る「サンダーバード秘密基地」の如き，カッコ良いのもあり，法規が変った事が判ります。

ただ，その場合おそらくは「屋内給油所」と云う分類，扱いになっているはずで，法規的に又違ったきびしい面も出ているようです。

つまり，ガソリンスタンドと云うのは，特に我国に於いて，モータリ

ゼーションの急速な進展に合わせ，そのスタイルを大きく変えていった訳で，時代を追っての石油元売り会社のロゴマーク，シンボルカラーの変化などとも併せ，"街角の風俗史"的興味もつきない訳です。

カーマニヤでもない私が，GSに興味を持ちつづけてきたのは，多分そんなところに原因があったのかなと，今，これを書きつつ自己分析しているのです。

———・———・———

さて，ここからがやっとマジメに模型作りのお話し。

先ずは1/43コレクションミニカーを用いたガソリンスタンドのジオラマ写真を1枚，御覧に入れます。（P.98カラーグラフ中段写真参照）

充分スケール感があり，これなら"オモチャ"と云われる事はないでしょう。

サイズ的にも感覚的にも充分"Oゲージストラクチャー"と云えます。

実はこのジオラマの建物主要部は私自身のスクラッチではなく，大昔のプラモデル組立品です。（もちろん組立製作は私自身）

そして，このプラモデルは，おそらく今では殆どその存在を知る人は少ないと思われ，又，私個人的には，我国に於ける本格的「ストラクチャープラキット」製品のさきがけとさえ考えるものです。（Nゲージで「信号所」「詰所」がプラキット化される約10年程前のお話しです）

さて，我国に於いては有名神社仏閣，お城のプラモデルの歴史は，そのプロトタイプにも似て大変古く，中にはピッタリNゲージ縮尺に合致するものさえ存在するのは御承知の通り。

更に時代を遡り，プラモ創成期に「ユネスコ世界の家シリーズ」などと云う楽しい建物プラモデル製品のシリーズの存在した事もオールドプラモデラーは御記憶かと思います。

しかし，普通に日本の街角に存在する普通の建物を，これ程マジメに，本格的にプラキット化した例は，多分このイマイ（＝今井科学）製の「ガソリンスタンド」が最初ではないかと思います。（あくまで私の見てきた，又，経験・記憶の範囲ですけれども……）

イマイは，特に，キャラクターモデルに数々の名作を残しつつも，プラモ史に残る倒産をくり返し，今，その遺産（金型）はいくつかのメーカーに分散して，尚その全盛期の名残を眼にし，手にする事ができます。

このガソリンスタンドは，実は1970年代も後半になっての購入と記憶し，その時点ですでに"これは珍品を見付けた！"との印象があり，定価の350円も"安い！"と感じたのを覚えています。

倒産・復活のたび，ロゴマークの意匠，扱い方を微妙に変えて来たこのメーカーのスタイルから，或いは今手許にある製品は再販時のものなのかも知れません。しかし，少なくも初版は，最初の倒産前，おそらくは1960年代後半の，このメーカーが"サンダーバード"等で絶頂期にあった頃の製品で，それはパッケージイラストレーションからも推測できます。

いくらかデフォルメされつつも，いすゞ117クーペとスグ判る後ろ姿の車，それも，ホイルキャップのデザインから，市販車でなく，未だ「ギア，いすゞ117スポルト」と呼ばれていたプロトタイプ車の写真を基に描いた事が一目で判る，このクルマの絵が雄弁に制作年代を示しているのです。（仲々上手な，素敵な絵です）

同じくパッケージ中の英文表記も特異で，「EASY TO STRUCT！」の表現に時代を感じます。

日本のプラモデルでは，この常用フレーズは後に例外なく，ほぼ「EASY TO ASSEMBLE」と表現され，これは云う迄もなく"組立カンタン！"の意味です。

「STRUCT」を，動詞"構築する"に使う言い廻しは，プラモのパッケージとして相当風変わり，しかし，逆に，そこに私がこの製品に我国「STRUCTURE」プラキットの「祖」を認めたくなる理由の一端も判っていただけるのではないかと思います。

尚パッケージ片隅に小さく表示されたスケールは「1/40」（！）。何とも半端に思われましょうが，これも私には納得がいきます。

日本のダイキャストミニカーの歴史は，「モデルペット」の一連の見事な1/43国際標準スケールの国産乗用車モデルを以てスタートするのですが，この頃，急速に勢いを失い，かわって，日本独自の1/40縮尺を，乗用車モデルに採用する「ダイヤペット」が勢力を得ていたのです。（未だトミカ登場前夜のおはなしで

←イマイ製品のオリジナルパッケージに見る興味深い表記・表現。

下写真は古い自動車誌に見るいすゞ117プロトタイプ（ISUZU GHIA 117 SPORT）。

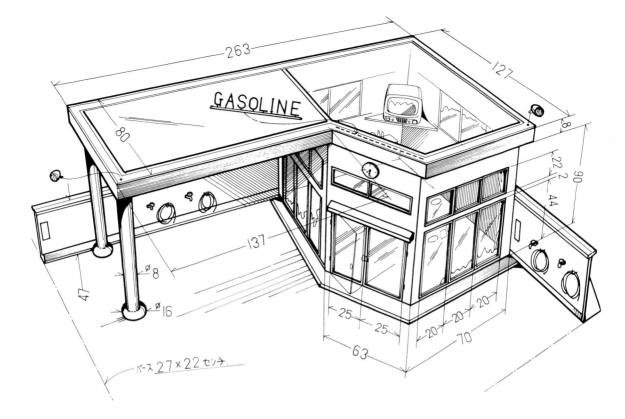

　す）

　このGSの「1/40」は，その流れをいち早く察したメーカーが，それら国産乗用車ミニカーのディスプレイ用を主たる用途，販路に設定して企画したものであるのは明らかなように見えます。

　つまり個人，アマチュアコレクター，又，一般プラモファン以外に，店頭ディスプレイ等のプロフェッショナルな需要も或る程度期待できる状況だったのではないかと思うのです。

　そうでないと，アノ時代，とてもでないですが，こんな地味なアイテムの企画，通りません……。

　以下，全くの推量ですが，私は，この製品は何らかのタイアップがあって，何か今で云うノベリティグッズのような性格を持って製作されたものが，後に，その金型を利用して"おすそ分け"程度に一般プラモルートに流れたものか……とさえ考えています。

　そのくらい一般プラモ店の店頭で見かける事の少なかった製品で，又，メーカー（イマイ）の製品ラインナップ中からも「浮いた」存在なのです。

　不勉強にして，この製品に関して，金型が何処か他メーカーに引き継がれ，再販・復刻された形跡を知りません。

　パッケージ片隅には，小さく，付け足しのように「モデルカー遊びに最適」との表記もあります。でも，決して小児の「遊ぶ」ための製品でない事だけは確かです。

——・——・——

　さて，この製品，もう少し詳しく御紹介する価値がありそうです。

　今とは，いささか様子の異なる1960年代のGSは，案外，多くのレイアウトモデラーの設定年代に合致しているかも知れないし，縮尺の1/40にしても，良く考えてみたら…1/80の丁度倍です。（！）

　描き起こした全体見取り図に完成後の実測寸法を略記してお目にかけておきます。

　私が今，ここに1/2縮小レプリカを作って御覧に入れるのは止めにします。

　つまり，今回の"工作雑感"の「工作」は，私自身がする工作でなく，皆様におすすめする工作アイテム・テーマと云う訳です。

　全体を直線と平面のみで構成されたストラクチャーは，プラ板工作，ペーパークラフトの基礎，お手本のようでさえあります。

　しかし，おそらく，このGSには基になったプロトタイプがあります。

　前項で述べて来た当時の様々な約束事に，全体の造りが良く合致しているし，又，こう云っては何ですが，仲々当時の玩具やプラモのデザイナーが頭の中で考えて出来るデザインではありません。

　もとより，一定の模型化，デフォルメの施されている事も，又，明らかですが，皆様が，これを参考に個人レイアウトの為に手作りされる事は一向差しつかえないはずです。

　自身のレイアウトの敷地等に合わせ自由に各部をアレンジされても良いでしょう。

　オリジナル状態の内部・内装の様子も，下手な超接写で一応お目にかけておきます。

　三角コーナーの棚の上のTVなど，おそらく古典家電のマニヤなら，

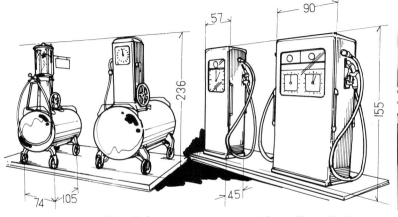

メーカーや型式が特定出来るのではないかと思われ、当時（これを作った時）、妙な"作り込み"をしないで、オリジナル状態で残しておいて良かったと、今思います。

軒上のGASOLINE STANDの切抜文字の成型からも、このキットが、ただのプラモでない事は判るのです。

写真で、後ろに掲げているのは、今一般的なデザイン材料店で売っているプラスチックの切抜文字。

文字のシャープさ、繊細さ、湯口（ゲート）の細さ、抜きテーパetc.…～40数年前の製品が、すべてにおいて勝っています。

金型製作にかけたお金は尋常ではないはずです。（いったい、何個売れたのでしょう……）

この辺りの切抜文字の扱い方、デザインは、以後の私のストラクチャーデザインに、いくらか影響を与えている事、或いは、お気付きかも知れません。

対して、"付属アクセサリィ"扱いの計量器等は、本体建物に対し、一段手を抜いた感じがします。

下手な接写の製品写真よりも、むしろお役に立つかと、当時の建築法規の図集より、修正トレースしたイラストを付けておきました。

名称は左から順に、「計量筒式移動計量器」、「時計式移動計量器」、「時計形固定計量器」、「W式時計形計量器」となります。

記入寸法はもちろんプロトタイプ実寸です。（単位センチ）

——・——・——

さて、ガソリンスタンドに給油に来るのは、別段クルマだけでなくとも良いでしょう。

自前の給油所・施設を持たない田舎の軽便のガソリンカーが、街道脇にちょっと寄り道して給油に来るガソリンスタンド……法律的に可能なのかどうか知りませんが、そんなレイアウトも素敵だと思います。

現実の様々の法規をそのまま適用していたら、我々のレイアウトなど大半は即刻取り壊しになってしまいますし、本物に出来ない事を実現してくれるのが我々の模型の世界である訳です。

その「夢」だけはいつも忘れず持ちつづけていたいのです。以上

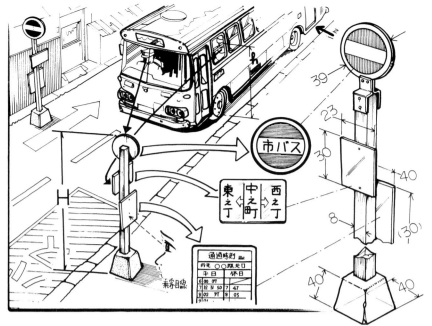

バス停考

　円板を，道路に平行に向けたのでは，かえって視認困難となります。

　遠方からでは，円板の断面方向しか見えませんから……。

　その下のパネルが停留所名の表示板で，これは鉄道の駅名標と略同一。

　あくまでバスの「乗客」に見てもらうのが第一義ですから，バス側（道路側）に向けて取付け，又，その高さも，ちょうどバスの窓あたり（図中のh）に来るようになっています。

　その下，一番低い位置のパネルが時刻表。これは，歩道側の乗客の為のものですから，当然道路に背を向けて取付け，又，その高さも，子供でも読める程度に設定されています。

　以上あくまで代表的・基本的パターンで，家の近所だけ見廻しても，様々な設置条件により，以上に該当しないものが多数あります。

　一応各部寸法も実測しておきましたが，あくまで一例。特に，全体高さ（H）には相当のバラツキがあり，平均2.5～3m強と云ったところですが，例えば雪国などでは，もっと背の高いのもありましょう。

　模型の国のバス停ポールは，おしなべて，いささかオーバースケール気味ですが（～私の作例も含め…），あまり気にする必要もないと思います。

　多少オーバーサイズになったとしても，丸い円板の中にお気に入りの，又，思い出の停留所名を自ら書き込み，レイアウトに立てる楽しみは，バスファンには，こたえられないものです。

　実物の，この部分が意外に小さいのは，強風時の転倒防止などの為とも思われ，その心配もない我々模型の国では，もっと自由に寸法設定したって全然構わないのです。

　レイアウト／ジオラマ上で役に立ちそうな事柄を中心に，私の街での実例を少し詳しくイラスト化して御覧に入れます。

　先ず，当然ながら，バス停ポールは，上り用／下り用が，道路をはさんで2本立つのが基本です。（非常に狭あいな道路上，又，循環バス等の場合，この限りではありません）

　完全に対面させるのでなく，両者を或る程度ずらして配置します。

　そうしないと，両方向のバスが同時にやって来て停車した時など，道路をふさいで交通障害を起こしかねず，危険でもあります。

　私の地方は基本的に「後乗り・前降り」方式なので，イラストの如き前後扉のバスではポールをかなり行き過ぎて停まります。

　関東方面からの旅行者など，慣れない人には，バスがそのまま通り過ぎてしまうように思われ，不安を感じる人もいるようです。

　ポール上部の円板は，歩道の歩行者に直交・正対する向きに掲げられ，これは，バス会社の識別，又，バス停の位置を運転手・歩行者（＝乗客）の双方に明確に知らせるのが目的です。

←姫路市営バスのもの。スケッチと同じスタンダードタイプ。左から背の高いタイプ・背の低いタイプ・パネルの取付が変則的なもの。

　本文中，円板に関し「ホーロー」と記したが，本物のホーロー引きの鉄板には，遂に1枚も出会わなかったとのこと。単なる塗装／印刷や白の基本塗装にシール状のものを貼ったものもあり，新しいものはみんなプラ製。

1/80 ストラクチャー工作

三軒棟割り長屋タイプの製作
―貴方もアパート経営者！今日から―

アパートの玄関側↑と線路側↓。撮影アクセサリーのほとんどはタイムスリップグリコのオマケ中よりスケールの合致するものをピックアップ。

皆様，アパート経営に興味はおありですか？　それなら，今がチャンスです。

素敵なアパート建設のお手伝いをする用意があります。

投資はほとんど必要ありません。内装を別にすれば，せいぜい2晩〜3晩くらいで，三戸集合メゾネットタイプの情緒あふれるアパートのオーナーになれるはずです。

或いは，この表現は，チョット誤解を招きやすいかも知れません。早い話が木造トタン張りの三軒棟割り長屋です。

昭和30年代調の"情緒"が感じられるのは事実でしょうが，今，このタイプのアパートに，どれ程の人気，需要があるかは，私自身も，少々不安です。

レイアウト上で，コンスタントに

モデルとなったプロトタイプ "まさご荘"
典型的な関西型の「棟割り長屋」タイプの木造アパートで、ほぼ同型が多数現存しています。　姫路市郊外・2005年7月撮影。

──貴方も今日からアパート経営者！── 三軒棟割り長屋タイプの製作

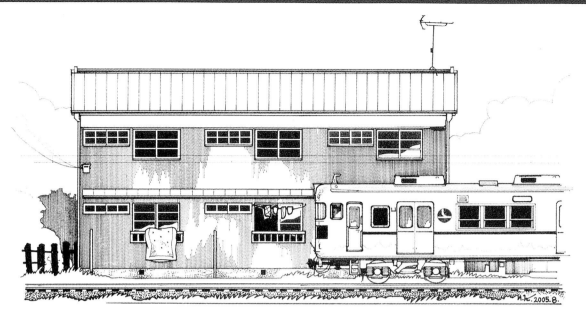

入居者を獲得し、安定した家賃収入に結び付けられるか否かは、ひとえに、建設・経営に携わる貴方自身の手腕にかかっています。

自由にアレンジを加えて、魅力あるアパートを作って下さい。

製作の実際

気軽なペーパー工作です。

なんら特別の工具・材料は要りません。

外壁の主材料となる適当な（お好みの）色、厚みのボール紙、空箱を御用意下さい。

ただ、今度、街に出た時、以下の2点のパーツのみは、専門店で揃えておかれると、作業がスムーズに進み、作品がなかなか見栄えの良いものになります。

コストパフォーマンスの高い、ワリの良い買い物なのです。

① エコーモデル…ストラクチャー用窓枠（A）一枚，300円。
② 同…窓用手スリセット（No.266）一セット，600円。
（価格は2005年夏，筆者購入時）

シンプルな工作ですから、材料寸法図、組立図等を略し、模型化三面図のみを下に示します。

小さな二階家を三軒、ヨコ方向に結合した"三軒長屋"ですから、その一軒分の寸法のみ、細かく記入してあります。

これで、各壁体の材料ケガキに不足はないと思います。

模型化三面図 （現寸の1/2）

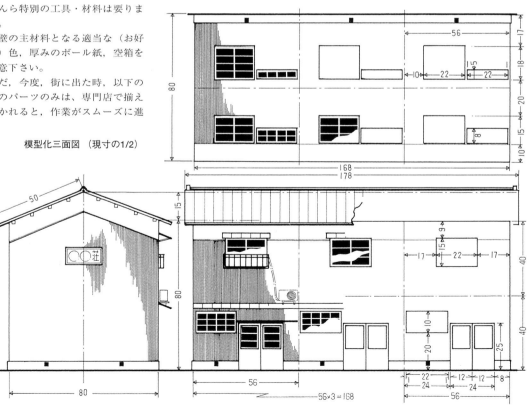

1/80 ストラクチャー工作

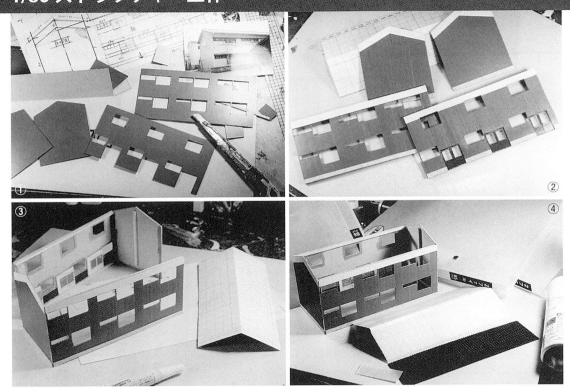

　三軒の出入口の仲良く並んだ正面壁体を「玄関側」，背面側を「線路側」と仮に呼ぶことにします。

　その意味するところは，冒頭カット画でお判りと思います。

　このイラストは，また，線路側のディテール，各部寸法バランスの割り出しにも使っていただけるはずです。

　以下，写真を追って——。

●写真1

　玄関側，線路側，および妻板2枚（同一），計4面の壁体切出し。

　車輌工作用より一段厚手の灰青色の空箱ボール紙（プロトタイプとほぼ同色）を利用し，私流の無塗装仕上げを目指しています。

　窓枠には，すべて市販の塩ビ印刷のものを使用する前提寸法になっているので，窓抜きは，これ一回で済みます。

●写真2

　壁面全面にタテ方向に細かい筋付けをして，波板のコルゲーションを表現します。

　しかる後，上端に1cm幅の白ケント紙帯を，下端に5mm幅のグレイの紙帯（白ボールを裏返し）を貼って，それぞれ，しっくい壁と土台のコンクリートを表現します。

　玄関側の扉は，茶色の厚紙（私はチョコレートの空箱）をウラから貼り重ねて，窓を抜きます。

●写真3

　3×3角棒を介して壁面4面の組立中。直角に注意して！

　屋根は178×100mmに切出したボール紙を2ツ折りにして，その上に任意の仕上げ材を貼り重ねる事にします。

●写真4

　屋根板の長手寸法178mmは，エコーモデルの瓦材パーツにピッタリ合わせた寸法です。（写真手前に並べてある黒いパーツがそれ）

　ただし，幅は足りず，2セット分購入して継ぎ合わせる事になりますが，これはむつかしい作業ではないでしょう。

　プロトタイプに準じた桟瓦ぶきにするならそれをお奨めします。

　私のはスレート波板ぶきで，その材料は，ダイソー系の百均で売っている「Zファイル」と云うプラスチック製ファイルの表紙。

　まさにピッタリの素材で，これも写真のバックに写し込んでおきまし

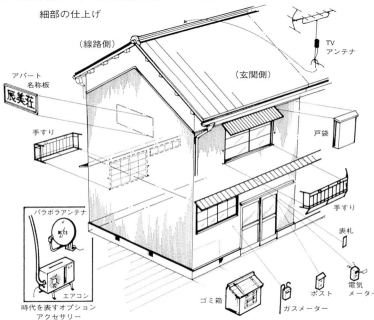

細部の仕上げ

106

── 貴方も今日からアパート経営者！── 三軒棟割り長屋タイプの製作

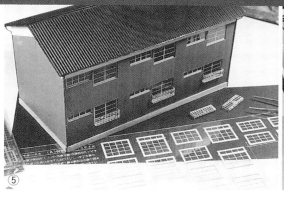
⑤

⑥

た。

●写真5

この屋根だけは塗らない訳にはいきません。普通にプラ用スプレーを吹いただけでは、ちょっとハゲやすい素材（P.Pか？）で、タミヤのスーパーサーフェイサーを下地に一吹きしました。

そのままのライトグレイでもスレートっぽくて良かったのですが、全体の色彩バランスからすると、少々"軽い"ようにも思われ、黒に近いダークグレイで上塗りして、落ち着かせました。これが唯一、塗装らしい塗装です。

手前に置いてあるのが、エコーの窓枠板。どれを、どこに貼るかは、現物を手にとって御覧になれば、スグ判るはずです。

色はうすみどりと茶があるようで、プロトタイプに近い感じにするなら茶を選びます。

私は、より見栄えのする、うすみどり色（壁面の灰青とのマッチングも素敵）を選択。

ウラから、ゴム系接着剤で、ズレないよう、慎重に取付けました。

なお、窓枠板は、3セット買っておかれると最もスムーズに事が進みますが、余分もまた、たくさん出ます。

1セット（1枚）だけ買って、いろいろ工夫して有効利用して使い切ってしまっても良いし、余分は余分で、また、将来役に立つと考えて、とっておかれても良いでしょう。

●写真6

細部の仕上げは、図版と併せ御覧いただきます。

一番ポイントになるのは窓の手スリで、これは玄関側の2F、および線路側の1Fの窓には全部付きます。（つまり6個必要）

エコーのエッチング製手スリセットは、デザイン違いのものが計5枚入っており、私は不足分の1つは、市販のエッチングパーツの「荷物車用保護棒」（荷物室の窓のウラから貼る柵状のパーツ）から工夫して製作、取付けました。完成写真をよく観察されると、その様子がお判りになると思います。

細かい細工に自信があるなら、はじめから、全部、「保護棒」パーツから製作すれば、そろったデザインのものが作れる訳です。

ただ、私には、これらエッチングパーツは、少々繊細すぎて使いづらい面もあり、次回は、舶用ハシゴ、ツマヨウジ等を利用したいと思っています。

その他、図に描いた中では、「ゴミ箱」がエコーNo.336としてパーツ化されています。

ゴミ収集方法の変化で、このようなゴミ箱も過去のものとなりましたが、私の街では各アパートの戸口に、普通に残っているのを見かけます。

他は角材、線材等から各自工夫して作っていただく事になります。

なお、写真はレース生地からカーテンを作っているところで、室内を作らない私にとって、これはボロ隠しの良い方法です。

────・────・────

さて、このようなストラクチャー工作では、内装・室内に興味を向けられる方もおられるかと思います。

2Fの床面（兼1F天井）を貼って、屋根を取外し式にし、2Fだけでも内部まで作り込んでみるのは楽しそうです。

近頃は"昭和30年代"を標榜する各種家具、生活用品のミニチュアを大小各スケールで見かけます。

このアパートに関して云うなら、1Fは、玄関を入って、そのまま階段となり、その下がWCです。（線路側に高窓のあるところ）

玄関を入って左手は台所、その奥が多分六畳一間で、2Fにも二間（多分六畳＋四畳半）あるので3K、または3DKと云う事になります。

このような内部の記憶は、遠い昔の事でも、おどろく程、鮮明に覚えているもので、建物の外観、屋根の形や外壁の色合いなどはとうに忘れてしまっても、内部、日常の居住空間の事は、柱のキズひとつにしても、鮮やかによみがえってきます。

私の古い記憶をひっくり返してみても、渡り歩いた過去のアパート群は、外観写真1枚撮っておらず、それに気付いてカメラ片手に思い出の地を訪ね歩いて、その大半がとうに取り壊されているのを知って無性に淋しくなった事など思い出します。

対して、室内の写真は、友人が来た時の記念写真など、意外に残っており、そのバックに写り込んでいる当時の自作力作模型作品など、思わず、懐かしくて見入ってしまいます。

昔の模型はおおらかに大きかったから、こんな記録も残ったのかなァと思います。

下のカット写真は、そんな想い出を、いろんな食玩やカプセルトイのオマケを駆使してドールハウス風に仕立てたイタズラです。（当時のアパート暮らしの雰囲気の一端でも楽しんでいただければ…）

──アパートの想い出── "友来たる"

HOレイアウト向き
映画館の製作

"劇場建築考"等，大仰なタイトルも候補だったのですが，考えてみれば"劇場"はあまりに大きく幅広いテーマ。

和風の芝居小屋・寄席，能や歌舞伎の舞台，西洋演劇やオペラ・バレエ劇場…皆その成り立ちが大きく異なり，構造に決定的な特徴・差異があります。現今は，そのすべてに対応する"多目的"シアターも建てられている訳ですが，大掛かりな仕掛けで花道やオーケストラボックスが現れたり，建築メカニズム的には面白くても，いずれも大屋根の下や奈落の内で行われる事で，我々のレイアウトとは関係なさそうです。

今回テーマとする"映画館は，その点，劇場の中でも親しみ深く，飛び抜けてシンプル，何しろ舞台そのものが存在せず，当然舞台裏の楽屋も大道具置き場も何も要りません。模型的な利点としては，建物の，特に，奥行きがコンパクトにまとまります。

その辺は又，内装工作で述べるとして，このような単館独立，1スクリーンの映画館は本当に減りました。

←中書島・2015-11月　撮影

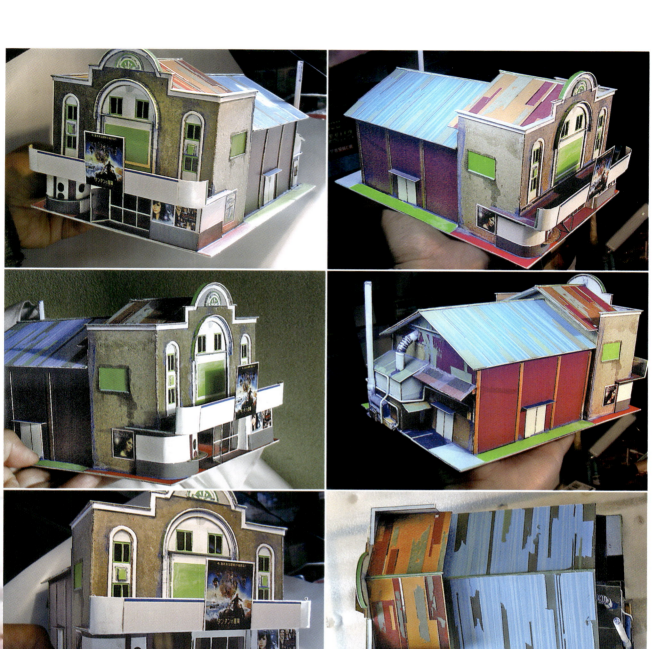

　私の町では，駅前再開発で巨大シネコンが出現し，入れ違いに在来の映画館がすべて近日中に閉館する事が明らかになりました。
　すでに昨年末，戦後ずっと市民に親しまれて来た老舗館が営業を終え，最終日には懐かしの昭和の邦画を無料上映し，気を吐きました。
　その辺も今回の製作動機のひとつなのですが，本プロトタイプに関しては，必ずしも私の町のものではなく，"フリーランス～"のタイトル下のストラクチャー工作に相応しく，京阪沿線，某駅前の銭湯（！）の建物を強引にアレンジして映画館に変身させたもの。関西の下町にはこんな感じの"モダン銭湯"がけっこう残っています。
　私のイメージの中の映画館にサイズ的にもピッタリだったのです。

―― 実製作 ――

先ず大まかな構造図を見ていただいた方が，後の理解に役立ちましょう。

建物の屋根を外して（作例もそれが可能な作り），後ろ上方より見下ろしたところです。

建物は全体として大きな切妻・妻入りで，つまり主要道路に棟を直交させ，又，正面全体を看板建築スタイルに覆って，道路側からの外見を華やかに演出しています。

建物はファサード部と客室部に2分され，前者にのみ2階があります（絵は2階部分を示す）。

ファサードを入った1階はソファを置いたロビー，売店，WCがあり，2階が映写室，フィルム庫，事務室で，ここが映画館としては心臓部。

客室は当然シートがズラリと並び，一番奥の壁面にスクリーンが張られます。

ライブを行うステージではないので奥行きは要らず，作例では壁一枚へだてて，背後に暖房用のボイラー室があって，煙突が立ちます。

全体としてシンプルな四角四面の建物に変化を与えるべく，屋根を階段状に前～後ろへ少しずつ低めてあります。

これは理に適った設計で，無駄にガランとした大きな空間を作る事なく，冷暖房の効きを良くし，光熱費コストを下げる事にもなります。

昔，浅草にあった映画館にアーチ屋根がまるで巻き貝のように段々に重なって，美しい造形を見せているのがあったのを覚えています。

客席シートもスロープ状，又，階段状に前に行く程低く作ってやると，前席の人の頭を気にする事なく，観賞に集中できます。

そして，映写室／映写機は客席最前列の人が立ち上がっても，スクリーンに影の映らぬよう，充分高い位置（作例では2F）に設けてあるのです。

シネフィルムは通常35ミリ幅で，これを上から下に流し（送り）ます。

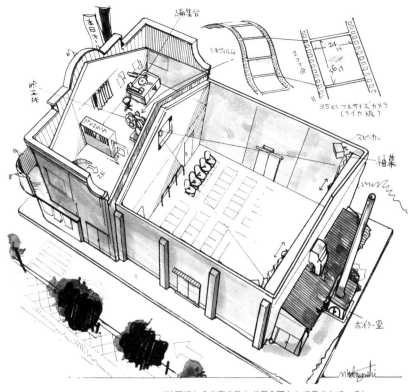

（映写機とその窓の数など概念図として示されている）

1コマのサイズは24×18ミリで，この35ミリのシネフィルムをスチールカメラに応用して大成功したのが"ライカ"で，シネマと異なりフィルムを横に流して（送って），シネの2コマ分を1コマとして使うスタンダードを確立し，小型カメラの定番となりました。

今も"ライカ版"の言葉は残っていますし，その画面サイズ（フレーム寸法）24×36ミリを"フルサイズ"と呼びます。

戦後，映画はこのスタンダード画面のタテ・ヨコ比に飽き足らず，横方向に拡大した迫力ある"ワイドスクリーン"を実現するために"シネラマ"・"シネマスコープ"又，"～ビジョン"と云った様々な名称のシステムが映画会社によって開発され，それらは異なるメカニズムを採用していたので，映画館はそれに対応するため，いろいろ苦労したのです。

←浅草の想い出
（純粋に当時の記憶のみで描いた絵）

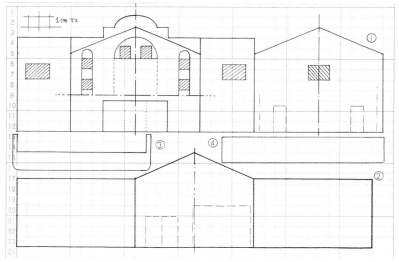

最後の段は模型工作とは直接関係なくなってしまいましたが、以下、工程写真を追って——。

〈photo 1〉

何枚もラフスケッチを描いて、構造やファサードのデザインを詰めて行きます。

先にも述べた如く、今回大きなイメージ源となったのは、京都の銭湯(!?)。

映画館と見紛う、戦前のモダン銭湯の正面階下入口部のみ手直しして、他はけっこうそのままの感じに作ってみました。

サイズは純粋に模型的にアレンジしてあり、特に方眼紙へのケガキ易さを重視、奥行きはこの1.5倍あっても全く不自然ではありません。

〈photo 2〉

主要なパーツをサインペンで、百均の工作用方眼紙にケガき終ったところ。

ほぼすべてのラインは1センチ方眼の罫線上か、5ミリ目の補助線上にあります。

このまま切り出して、のり付けして組み立てて色を塗って完成させても、もちろん構いませんが、大型ストラクチャー工作はもう一段厚手の紙を使った方がしっかりします。私は例に依って各種空箱を駆使して、無塗装工作を目指します。

〈photo 3〉

方眼紙に描いた現寸材料図を1/1コピーにとり、それを本番用厚紙に重ね、仮貼りして各材料を切り出しているところ。

本番材料の主要部は0.8〜1ミリ程も厚味のある古い洋服箱。他は普段からストックしてある雑多な空箱の"色"を生かす事にします。

今も文房具店で売られているザラザラの茶ボールや、百均にもある板目紙（イタメガミ）も利用価値があります。

R部分は小さいところは丸刀で、大きい部分は刃先鋭い細工刃で、材料の方を廻すようにして切り出します。ハサミは原則、用いません。

さて、材料図の方には、①ファサード部壁体、②客室部壁体、③正面ヒサシ、④看板、の4パーツしか描かれていません。

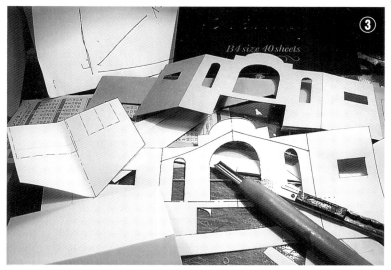

111

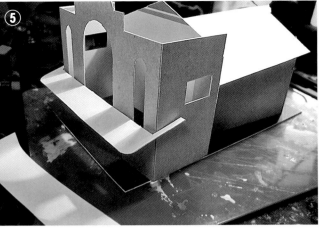

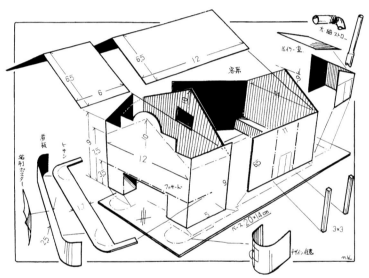

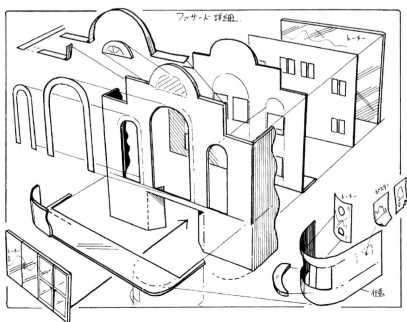

　これで立体としての基本型は完全に決定され，あとは殆ど現物合わせで良いのですが，それでは，いくらか無責任でもあり，全体組立図に，残余のパーツも含め，改めて私の作例の寸法概略を記しておきます。（単位センチ。寸法記載なき部分は御自由に—）

〈photo 4〉
　材料が切り出され，"折り"が入って組立開始。
　今回すべて"山折り"です。

〈photo 5〉
　仮に，のり付けせずに全体型を作って様子を見ているところ。（テープで仮止めしてある）
　意図してやった事ですが（後述），やはり客室（客席）部分の奥行きがいくらか足りない気がします。
　組立図に描いてある補強の柱で，もう1スパン分長くするとバランスが良いように思われます。
　私のこの辺の大まかな寸法決定は，後述の客席定員の事を別にすれば，主要材料を工作方眼紙1枚にピッタリ収めて御覧に入れたかった……と云った程度の理由であって，どんどんアレンジ改変していただきたいのです。
　材料の折り口，断面から，私の壁体材料の厚味がよく判ると思います。
　正面看板等，美しいRに曲げたい部分は当然もっと薄手の別材料を用い，紙の目にも神経を使って切り出

〈photo 6〉

ファサード部の"折り"をもう一度平らに伸ばしてディテール付け。

建築としての見せ場は主たる道路に面し、出入口のあるこの面に集中します。

電車工作の如く窓枠板を重ね、抜き、フチドリで立体感を付けて行く工程は、特に補足組立図を付して示してあります。

この作業は立体にしてからでは非常にやりづらいのです。

図のディテールはプロトタイプよりも、更には私の作例よりも更に一段簡略に、シンプルに描いてあります。

このような戦前の看板建築は、当時の左官職人さんが自らの技を誇示するような凝った装飾／彫刻の施されたものも多く、模型としても凝り出せばキリがありません。窓まわりのカザリ／フチドリなど、単純に紙帯を貼るのではなく、アクセサリィ売り場のいろいろなチェーン、ブレード、チャームの類が面白く使えると思います。〈photo 7〉で大まかなディテール付けが終わり、再び折り曲げたところ。

〈photo 8〉

ファサード部が一応出来上がったので、ひとまず横に置き、客席ホール部分の工作にかかります。

壁体は「コ」の字型ですから、正確に組み上げるため、ここでベース（基礎となる台）を厚ボール紙や、薄板から20×14センチに切り出し、その上に工作します。

私は厚紙ベースの表面には赤い模造紙を貼り重ね、"赤ジュータン"が全面に敷いてあるように見せようと思っています。

壁体内側はうすみどり色の紙、スクリーン側は黒い紙が貼ってあり、ここに白いスクリーンを貼り重ねるつもり。

お好みの、又、想い出の名画の1シーンを映画雑誌から切り抜いて貼っても良いし、今なら小さな液晶画面を埋め込む人も居られるのかも知れません。

その他、両開き戸の大きな非常出口、音響装置なども。

内装シート関係をひとまずおき、工程写真を先に進め、ひと通り外観完成に持ち込みましょう。

〈photo 9〉

ベース上で今作った客席ホール部と先のファサードを合体させ、しっかり組み付けたところ。

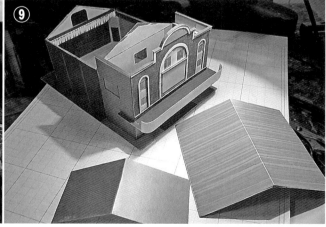

屋根は当然着脱可能とし，先に組立図中に記した寸法を基に現物合わせで厚紙から切り出します。

ファサード部の屋根はコの字に囲まれた壁体内にピッタリはまり込まねばなりません。

ホール側の屋根は適当な軒の出が必要です。いずれも反りの出ぬよう，厚手の材料を用い（又は貼り重ね），への字の角度を固定するトラス組み，内部補強を施します。作例は極めて簡略に二等辺三角形のリブを内側に貼ってあり，それによって屋根の折り角度を固定するとともに，壁体の妻板内側と摺合して，簡単には外れないようにしてあるのです。（上方に強く引くと抜けます）

〈photo 10〉

細々したディテールパーツ…扉・小さなヒサシetc.もすべて空箱廃材の色を生かしての無塗装工作。

写真にそのありとあらゆる素材が写っています。今回使用する部分はいずれも小さいものなので，印刷のほんの一部にでも気に入った色があれば，そこを切り抜いて使えば良い訳です。

例えばファサード上部半円アーチ飾りの内側に，何やらもっともらしいマークが見えますが，これは緑茶のティーバッグの箱に描かれていた丸の中に「茶」の文字の入った屋号（？）を切り抜き，更に半分に割ってその下半分を上下逆に貼ってあるのです。（お判りでしょうか…）

各部に見える名画ポスターは，みんな古い映画雑誌からの切り抜き。別段，コンビニに走ってコピー縮小せずとも，丁度良いサイズの縮刷広告，チラシ集のような頁がいくらもあります。

結局，「塗料」らしきものを使ったのは最終段階のウェザリングのみでした。

以上にて工程10カットの終了。

――――――・――――――

いくらか補足。

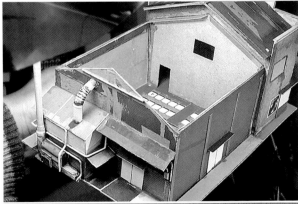

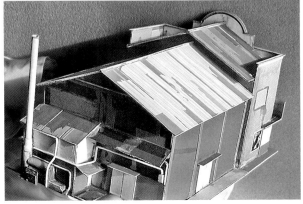

　先ず、客室ホール内のシート。本物の劇場のパンフの平面レイアウト図を拡大コピーで適寸にしてイメージをつかみ、はじめ定員60人のシート配置を想定して設計していたのです。
　それは工程写真の〈8〉にも既に写っています。
　私の時代の小・中学校の1クラスが50人プラスで、丁度収容出来るキャパシティーなのです。
　学級単位で映画鑑賞に行った遠い昔の記憶です。
　シート製作で息切れして、電車用座席（KTMのシングルクロス）を並べたら、72人に増えました。
　今、仮にその状態になっています。
　どちらにしてもやはり少々収容力不足で、田舎の駅前劇場でも100名のキャパシティは欲しい気がします。
　奥行きを柱1スパン拡大すると、丁度そのくらいになる訳です。

床面に少し段々を付けて前席ほど低くして、中央部の数十席は白いカバーをかけて「指定席」にしてやると、私の時代のイメージになります。
　あと、建物背後の雑然とした有様をチラッと御覧に入れておしまい。
　「映画館」「劇場」などと云うのは、昔は本当に正面、道路側からのみ観賞に耐える建物ばかりで、ウラに廻るとバラック同然、文字通りの"楽屋裏"で、夢が壊れるようなのが多かったのを想い出します。
　今回作例もその頃の正直なイメージを再現してあります。
　雑然と建て増しされた小屋は館内暖房用のボイラー室で、ストロー等廃品流用のダクトがくねくねと這っています。（エントツも細ストロー）
　この辺、細かく寸法を記す程の部分でもなく、写真で御判断願う事になります。
　壁体のウェザリング、屋根のエイジング表現等も感覚的な要素の大きい部分であり、"技法"解説になじみません。
　私の作例で「塗料」を用いたのは、唯一それらの部分のみです。

――――・――――

　私の人生でこのような映画館と一番深く結び付くのは、主に1970年代、サラリーマン時代の想い出。それは東京の下町が舞台です。
　会社勤めは、意の如くならぬ事、意見の衝突もしょっ中。退社時の途中下車で、裏町・場末の三文映画にウサを晴らす事も多かったのです。
　私は酒は全く飲まぬし、どうせ帰ったところで独り暮らしのボロアパート。どちらかと云うと、そんな"負"のイメージの想い出ばかり…。
　でも、あの映画館、あのプラモ屋さんもみんなもうないだろうナァ～と思うと、少し淋しく、そしてたまらなく懐かしくなるのです。

ストラクチャー工作雑感

空港建設に関する諸考察

さて，レイアウトに空港を建設したいとは誰もが一度は思うもの。（本当か？）

その方法はレイアウトの規模，サイズに応じ，さまざま考えられましょう。

又，製作者の「鉄道ファン」度，「航空ファン」度，その他のバランスに依っても変ってくるはずです。

イラストを御覧下さい。

— ① —

滑走路は長ければ長い程良く，運用出来る機材の幅が拡がり，安全性も増します。

ですから，レイアウトスペースの対角線いっぱいにこれを設定。

ターミナルビルには鉄道駅を併設して，交通アクセスも完璧です。

でも，欠点もありそうです。

滑走中（滑走アクション中）の飛行機と，エンドレス走行中の列車が衝突すると云う模型ならではのトラブルが懸念されます。

でも，私は，これも逆手にとらえ，模型ならではの面白いギミック，アクションに昇華出来ないものかとさえ考えます。

（別段，事故シーンを演出するなどと云うのでなく，列車の通り過ぎた直後，スリリングにスレスレを滑走離陸して行く……と云ったような一種のシンクロメカニズムなど……）

どちらにしても鉄道は非電化，又，電鉄線ならサードレール方式等の設定も考えられるべきです。

架線や架線柱は，この場合，やはり邪魔物なのです。

— ② —

邪魔なものは地下に埋めてしまうのは近頃よく行なわれる手法です。

（昔は，本当に大切な，かけがえ

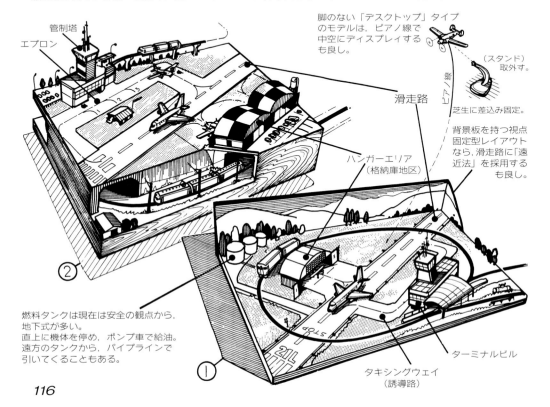

のないものを，止むに止まれず地下に埋めました）

完全な二層式レイアウトにして，鉄道は地下，地上はヒコーキの専用にします。

これなら，自慢のプラモデルの飛行機を存分に並べて楽しめ，観賞できましょう。

列車走行は，一部露出した地下エンドレスで，これ又，存分に楽しめ，或いは現代の都市電鉄，地下鉄などを想定するなら，この方が一層リアルではないかとさえ思えます。

電車そのものや構内などのライティング，イルミネーションも，自然なかたちで楽しめますし，夜の空港の美しさ〜各種の誘導灯，又，ヒコーキ自体の航法灯，翼端灯などの明滅は，今更述べる迄もないでしょう。

ダミーのモノレール（別段ダミーでなくとも構いませんが…）などとも組み合わせ，先ずは，楽しい現代交通の立体パノラマです。

バスやミニカーもズラリと並べてサービス満点！

子供さん達には，ゼッタイ喜ばれます。

——— ● ———

以上，半ば冗談めかして書いていると思われるやも知れませんが，私は結構本気です。

実際に自分で作ってみて充分楽しいだろうと思うし，描いていて，鉄道，ヒコーキ，その他さまざまの"のりもの"の存在意義，住み分け，あり様などを考えさせられました。

でも，もう少し，真面目なTMS読者にも先を読んでいただけるように，考えを進めたいと思います。

如何に，「飛行場」が広大なスペースを要する施設，ストラクチャーとは云え，レイアウト表面の100％が飛行場と云うのでは，あんまりです。

これでは"レイアウトに空港を"でなく，"空港ジオラマに線路を組み込んだだけ"と云われても一言もありません。

一体，レイアウトに「滑走路」を取り入れようなどと考えるから，そうなってしまうのです。

空港，飛行場＝滑走路の既成概念をひとまず忘れます。

大体，昔の飛行場に「滑走路」などありません。せいぜい「滑走広場」です。

何も無い草っ原に複葉機の2〜3機も並べておけば，それで充分，大正〜昭和戦前ののどかな飛行場になります。

吹き流しを結び付けた棒の1本でも立てておけば，もう立派なものです。

これは風向き測定用で，パイロットは，これで理想の滑走方向を見定め，自由に発着していたのです。

1/81サイズ（惜しい！）の優雅な複葉旅客機のプラモデルと云うのも実際存在しますし，Nゲージなら，エアフィックス1/144の旅客機シリーズ中にハンドレーページHP42と云う古典的，歴史的名作（キットも実機も！）があります。

後者など，TMS読者なら，たとえヒコーキにもプラモデルにも全く興味がなくても，きっと最後まで組み立てていただけると思います。

旅客機はジャンボとエアバスだけではないのです…。

さて，「飛行場」が急速に存在感を増し，長足の進歩を遂げたのは，やはり，戦争の時代「航空基地」としてです。

飛行機自体が急速に大型・高性能化し，それを運用する飛行場も，それに追い付くべく，舗装された滑走路，管制塔やレーダー（当時の言葉では"戦闘指揮所，電探"）などの機能が付加，強化されていきます。

終戦前後に米軍が空撮した立川，福生，所沢，厚木などの写真には皆，現在の近代空港とさして変わらぬ基本レイアウトを持つ舗装滑走路，誘導路やハンガー，エプロンが写っています。（但し，爆弾の穴ボコだらけですけれど…）

米国に接収された，それら旧陸海軍の航空基地（〜日本に"空軍"はありません）が，やがて大拡張されて在日米軍基地となる訳です。

純粋の民間空港が整備されるのは，やはり戦後の航空再開を待たねばならず，それも，各地に林立する"地方空港"など，多くは高度成長期以後のものです。

そして，我々のレイアウトに取り入れ可能としたら，機材（運用する機種の事）の大きさ等を勘案しても，それら"地方空港"（の一部分）と云うのが常識的かつ無難な選択ではなかろうかと思います。

以下，その辺を前提に，少しまじめに我々のレイアウトへの空港建設と云う事を考えてみます。

もとより，何ゲージレイアウトに建設するのも自由な訳ですが，ここでは一応「Nゲージ」に的をしぼって考えます。

理由は明白です。

旅客機プラモデルのスタンダード1/144は，我々の1/150世界に大手を振って共存でき，取り込めますし，近年の食玩系完成（又は半完成）ミニヒコーキモデルにも，このサイズが多いのです。（ヘリも豊富）

先ず機体・機種に不自由しませんから，時代・情況の設定も自在です。

HOでは，以上すべての条件で不利，困難を感じます。又，Nゲージ以下の小スケールには未確定の要素

← これは1/81とパッケージに明記されたグレンコモデル（米）のカーチス・コンドル旅客機。（筆者旧作）

← これは戦時下の大規模な海軍航空基地を再現・表現した筆者旧作ジオラマ（約1/100）で，全ボール紙製。各部に鉄道模型パーツ（例えばエコーの窓枠板）も使用，立派な舗装エプロンに並ぶ「赤トンボ」（オレンジ色の練習機）群は，実際には数百メートルの「原っぱ」から充分運用できます。

↓ Nレイアウト用の地方空港の製作

↑ 1/144のDC3 2機。左，手に持っているのがホビークラフト製で日本国内航空塗装，右のハンガー内のがウェルシュモデル製で，北日本航空塗装。

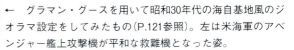

← グラマン・グースを用いて昭和30年代の海自基地風のジオラマ設定をしてみたもの（P.121参照）。左は米海軍のアベンジャー艦上攻撃機が平和な救難機となった姿。

も多いのです。（可能性は大）

― 考慮すべき点・その1 ―

「滑走路」そのものをレイアウト上に再現すると云う考えは、とり合えず捨てます。

離島の小空港のスタンダードでも、1500m×幅45m程。

Nゲージで丁度10m(！)です。

せいぜいタキシングウェイの一部再現くらいに留めておいた方が、逆にリアルです。

普通にはターミナルビルや、その前のエプロン、ハンガー（格納庫）の建ち並ぶ一帯をカットジオラマ風に作って、レイアウトの空地にはめ込み、その他の要素は、見る者の想像力にゆだね、又、背景で処理する事になりましょう。

つまり、「のりもの」と「人」の具体的にかかわり合う接点、交点にポイントをしぼってやるのです。

鉄道情景でも、レイアウト上でひとつのポイントとなるのは、やはり「駅」や「機関庫」でしょう？ 同じ事です。

― 考慮すべき点・その2 ―

レイアウトスペースの中央にデンと空港ターミナルを作るのは止めにします。

そうすると、どうしても滑走路とのつながりを考えなくてはならないし、又、非常に目立ちすぎて、完全に主役の座を奪ってしまう可能性大です。

あくまで、レイアウト中の"無為"のスペース、つまり、けっこう空いているけれど、使い途に困る……そんな場所を埋めてやる……程度に考えたらどうでしょう？

それは、例えばレイアウトの四隅、エンドレスと周囲のフレームで区切られた不定型の一角です。

そこに空港の一部でも作り込む事に依り、それが前景であるなら、手前側への風景スペースの更なる拡がりを予感させ、背景側であるなら、背景板と一体となって、はるか遠景、更には大空へのつながりをイメージさせ、レイアウトに雄大なスケール感をもたらしてくれるかも知れません。以下、そんなコンセプトでの実作例です。

● Nレイアウト用「地方空港」を作る

（私の近年の試み）

やっと、ここから本題かも知れません。

作例は、戦後まだ、のどかな時代のローカル空港です。

"地方"が付いても空港は空港！

空の旅は庶民のあこがれです。ガラス張りの管制タワーやモダンなターミナルビルは、まさに時代の先端を行く建物です。

そんなイメージを、手許に残る古い絵本の断片に求めました。（写真中、ハンガーのうしろに手で持って掲げている）

ある部分は殆ど絵本の立体化と云っても良い程です。

（もとより絵と立体は異なります。そんなに単純にスムーズにいくものでもありませんが…）

この時代、主力はもちろんプロペラ機の双発。

絵本にもハンガーの内外に2機のDC-3(？)と覚しき機体が描かれています。

でも、エンジン自体には、大変革の起きつつあった時代です。

同じようにプロペラがブーンと廻ってはいても、中身は在来のレシプロエンジン（DC-3など）から、ピストンの往復運動の一切無いターボプロップ（たとえばYS-11など）への転換がはじまっています。

乗り心地も音も全然別物です。「ブルンブルン」から「キーン」への転換点～そんな時代が、私にはたまらなくコンテンポラリィです。

さて、作例の製作中写真を3枚。カラー頁の右段をごらん下さい。

上でアーチ屋根のハンガーを先ず作っています。

主材料はケーキ箱の段ボール。キレイな妻上部のRも、元の箱そのまま（！）。屋根そのものは張り替えてあり、空箱の青色厚紙を無塗装で使っています。

奥行は最大12センチほど。ほとんど背景板をアテにしてのレリーフです。

もとより機体は完全には収容しきれません。

間口は、当然運用機材の翼幅に合わせて設定。

開口部の高さ設定も大切です。しばしば垂直尾翼がつかえ、ぶつかります。

実物のハンガーでも、これを避け

← これは作例のとは別の一まわり小さなケーキ箱。手前は珍しいポーランド製プラキットの1/160アントノフ24型。

119

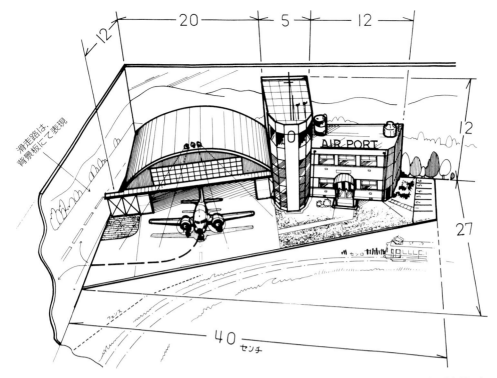

て開口を凸型にしている例があります。

　扉は付けるなら外吊りにして、引き残しや戸袋スペースの無駄を避けます。

㊥　管制塔やターミナルビルを、こちらは一般的な厚紙細工で作っています。

　普通の白ボール、カラー工作紙、透明塩ビ板で、絵本（左に立てかけてある）のイメージを立体化するような心づもりで工作しています。

㊦　基本型の出来上がった左からハンガー、管制塔、ターミナルビルを仮に段ボールのベースの上に並べ、バランスを見ています。

　レイアウト上、設置位置の決まっている場合は、当然そのスペースにピッタリ合わせ、ベースを切り出す事になります。

　私の実際の完成ジオラマのベースは、段ボールではなく、一種の建材ボードで、これは当面、具体的に設置使用するレイアウトが見当たらず、したがって背景板等も存在しないので、ジオラマ単独での当面の保存強度も考えての事です。

　一般に、すぐ使用するアテがあるなら、ベースは上質の段ボールでも充分と申し上げておきます。

　カッターで任意の型にカット、全面にツヤ消しのダークグレーを厚目にスプレー、これで強度も増します。（途中一度サンドペーパーがけしてやれば完璧！）

　機体の移動、誘導ライン、ウォークウェイ等を描き込み、残余のスペースを芝マット等で草地に仕上げます。

　一体に、飛行場は舗装部分以外は草地、芝で、これは当然、砂ボコリ、石ころがエンジンや機体に与える悪影響を避け、又、緊急着陸時等の安全確保のためだろうと思います。

　広大なグリーンのスペースがレイアウトに潤いを与えてくれるかも知れません。

　さて、「空港」と云うと、我々は様々な特殊作業自動車、サポート車輌を思い浮かべます。

　ミニカーの「空港セット」や子供向けの絵本・図鑑の類が大変良い参考資料になり、かつ勉強になります。

　実のところ、作例の時代（おおむね昭和30年代）には、それほど大した物はありません。

　せいぜい緊急用の消防車、機体移

←　近所のスーパーで売っていた食玩の1/144ランカスターのまわりに、手許にあった空港セットのミニカーを並べてみたイタズラ（スケール不一致）。この見事な完成機が500円玉一枚で買える時代になったことに、オールドプラモデラーとして感慨を覚えます。

→ 中小エアライナーの並んだ現代空港風景。中央のサーブ340（タイプ）は1/144での筆者スクラッチ。
　Ｎゲージで40センチ四方あれば再現できる情景。

動用のけん引車（トラクター），それに燃料用のタンクローリーくらいでしょう。

タラップなど手押しで機体に横付けしていた時代，トイレも，「たれ流し」です。

昔のイマイ1/144の"双発シリーズ"中に，ニッサン180（らしき）トラックをベースにしたローリーや起動車がオマケで入っていたのも思い出します。（Ｎゲージにピッタリのサイズ）

今，どうなっているのかと，街の大きなプラモ屋さんに，のこのこ見に行ったら，機体だけは再販モノを売っていましたが，オマケの方はオミットされ，入っていませんでした。

「イマイ」時代のオリジナルは，上記トラック類に加え，機銃陣地や掩体壕に使う「土のう」なども入って，完全にジオラマ仕立てで，飛行機プラモデラーは機体の詳細な考証のみに目が行っていた時代，新しいコンセプト，視点を提示した製品シリーズとして，記憶に残ります。

今，飛行場に「土のう」を積む時代が，又来る事を決して望みませんが，それらは，我々のレイアウトに又別の目的で充分利用価値があったようにも思います。

プラモ屋さんに，売れ残りでも見付けたら，買っておかれて損はありません。

さて，脇を走る線路との間には，必ずフェンスを立てておきます。

これは，別段，「基地」でなくとも，是非必要です。

更に残余のスペースがあるなら，消防車のガレージ，航空局や気象庁の支所（？）のプレハブ小屋，又，何か円筒型のケースのリサイクルで銀色の燃料タンクやパイプ類をそれらしく作っておきます。

● Ｎレイアウト
　　に於けるヒコーキ考

TMSが航空雑誌でないのを百も承知で，やはり最後に，このテーマに軽く触れぬ訳にいきません。

Ｎゲージャーの視点から，民間機中心に眺めて見ましょう。

先ずサイズ。これは1/144はもちろん容認するとして，マァ1/160くらいまで。

線路のすぐ脇に置くなら，1/200では，やはりバランスを失します。（遠景使用可）

そして，昔はこの範囲でプラモデルを漁った訳ですが，今，このクラスのヒコーキは，案外，コンビニ・スーパーの食品売場が穴場です。云う迄もなく「食玩」です。

小さなキャン

← 食玩の1/144グラマン・グース。背後にそのパッケージ・説明書小冊子。

ディーやガム，チョコレートをパッケージに封入した（こうすると，食品扱いになり，販路が拡がるのです）ミニチュア完成ヒコーキは，1/144スケールがメインと云って良く，出来も，すこぶる良好，美しい塗装，マーキング済みで，数百円が信じられない程です。

但し，やはり軍用機，それも，今更…と云った感じの大戦中の有名戦闘機がメインで，純粋の旅客機となると，パッケージサイズ，価格などの兼ね合いから，1/300～1/500と云った極小スケールになってしまいます。（つまりＺゲージ以下と云う事です）

中で，私のオススメ，イチ押しは，F.TOYS（エフトイズ）の水上機コレクション中の「グラマン・グース」。（1/144）

写真のは，殺風景な海自塗装で損していますが，純白に塗れば純然たる民間機。

可愛い水陸両用の双発飛行艇で，我国でも同系機が中日本航空，日東航空等の離島ルートで便利に使われた時代があります。

コンクリのエプロンに置いて良し，港に浮かべて良し，漁船やヨットとのコラボも絵になる素敵なＮレイアウトアクセサリィです。

製品も，プラモとは一線を画す，カラフルな小冊子の入った気の利いたもので，私は今後の展開に期待しています。（グースだけで世界中のエアラインや個人機のカラフルなコ

レクションが出来るはず）

　本家1/144のプラモデルの方も，昔は「夢」だったDC-3，YS-11，F-27フレンドシップ等が，ここ十数年の間に相次いでキット発売され，日本のローカル空港再現に苦労しなくなりました。

　ジェット化後の想定なら，老舗エアフィックスの1/144シリーズ中に，B737やDC-9の初期型があり，貴重です。

　しかし，実際に作って御覧になると判りますが，空港でジャンボの隣に並んで，まるで子供のように見えていたそれら小型ジェット達が，1/144で意外な大きさ，ボリューム感を持っているのに驚かれるはずです。

　マァ，その辺までが，あくまで「脇役」としてのヒコーキの我々のレイアウト上でのサイズ限界かと思います。

　対して，小さい方は，まだまだ足りません。

　少し昔ならD.Hヘロンやダブ，新しいところでサーブ340，ボンバルディアのQシリーズやブラジル製のエンブラエル……どれも1/144クラスの本格キットを見ません。

　豆粒のようなセスナ各型やビーチクラフト等も見たい気がします。（ヘリは食玩中に意外に豊富）

　そして，正直の処，私は今プラモより，むしろ食玩完成機に期待するところ，大です。

　私自身もう精密，極小のプラモデルを組んでピースコンで繊細に仕上げる気力も体力，視力も無いし，昔そうやって苦心して作ったのと何ら変わらぬ（もしかしたらそれより出来の良い…）完成機が，近所のスーパーに無造作に並んでいるのを見ると，私のプラモ人生は何だったのだろう……などと悩んでしまいます。

　（同感いただけるオールドプラモデラーは少なくないと思う……）

　この際，しっかりした1/144スタンダードで，中～小型の新旧エアライナーのカラフルな完成機が，街のコンビニに積まれる日が来る事を大いに期待しますし，それは案外早い気もします。

— 本項終 —

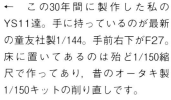

← この30年間に製作した私のYS11達。手に持っているのが最新の童友社製1/144。手前右下がF27。床に置いてあるのは殆ど1/150縮尺で作ってあり，昔のオータキ製1/150キットの削り直しです。

　自ら1/150で基本図面を描き直し，それを基に，必死で削ったのを思い出します。（想い出の手描き図面が下に敷いてある—）

空港レイアウト スケッチ

基本は単行ガソやDBの引く小貨物の走るローカル鉄道ですが，その性格はやや特異。

これは，おそらくは，戦時中各地に急造された軍用小飛行場への引込線が前身で，それが戦後の空白期を乗り切って民用として幸運にも復活したものでしょう。

短い滑走路は離陸直前センロとクロスしますが，鉄道側が極めて閑散な運行なので，特例として認められているのです！

次にこのレイアウトの運転／ギミックについて——。

右下の駅が本線／支線のジャンクション。ストラクチャーの複雑な平面構成，様々な角度で交錯する棟のラインが小型レイアウトの単調を救います。右外側，補助レイアウトへの分岐が，はるかに続く「本線」の存在を暗示します。

エンドレスから格納庫裏手で分岐し，内廻りに滑走路脇に達する燃料引込線では，DBとタム数輌の楽しい入換，小運転が行なわれます。この"燃料輸送列車"をエンドレス上に引き出す時は，ガソはとり合えず手前の延長線分岐上に退避させ，その上でカモツを廻してやります。

ヘリポートに擬したHマークの円板は実はセスナを"方転"させるタ

ーンテーブル！

赤，青の翼端灯が入れかわって楽しいはずです。

上空にも「着陸待ち」のセスナが旋回します。（だから全体スペースが正方形に近いのです）

これは全く，昔の「Uコン」です。但し管制塔頂から伸びるワイヤーは，ピアノ線か何か剛性のある物にして，機体は基本いつも上空定点で一定高度を保った状態にしておくのは云う迄もありません。

回転中心（作例は球体レドームを設定）は極めて軽く廻らねばなりません。

セスナは自身のプロペラ推力をもって旋回するのですから…（充分の自信・実績あり！）。その程度の小型モーターは現今いくらもあるし，軽量極小のボタン電池と合わせ，充分の推力を得られるのは確実です。

ワイヤーを給電線と考えれば，外

部電源／外部コントロールも不可能ではないでしょう。

紙ヒコーキの各舵面は正しい位置に「折り曲げ」ておかねばなりません。（イラスト円内参照）

Aはエレベーター（昇降舵）。Bはラダー（方向舵）。Cはエルロン（補助翼）。更に現代の実機ならDの「フラップ」が付いているのが普通です。

——・——

昔のプラモは，こう云うメカニズムがいくつ正確に連動して実際に可動するかが設計者の腕の見せ場だったのです。

「飛ぶ事以外，何でも出来る‼」と豪語した米国レベル社の1/40ダグラス・スカイレーダーなど懐かしく想い出します。

今のプラモヒコーキはカタチだけ，本当に何も動きません。プラモデラーの作品を拝見しても本当に繊細で，塗装もキレイで，でも本当に飛行機の飛ぶ原理知ってるのかナァー？と感じる時もあります。

格言に曰く"他山の石，以て玉を磨く可し。"

以　上

123

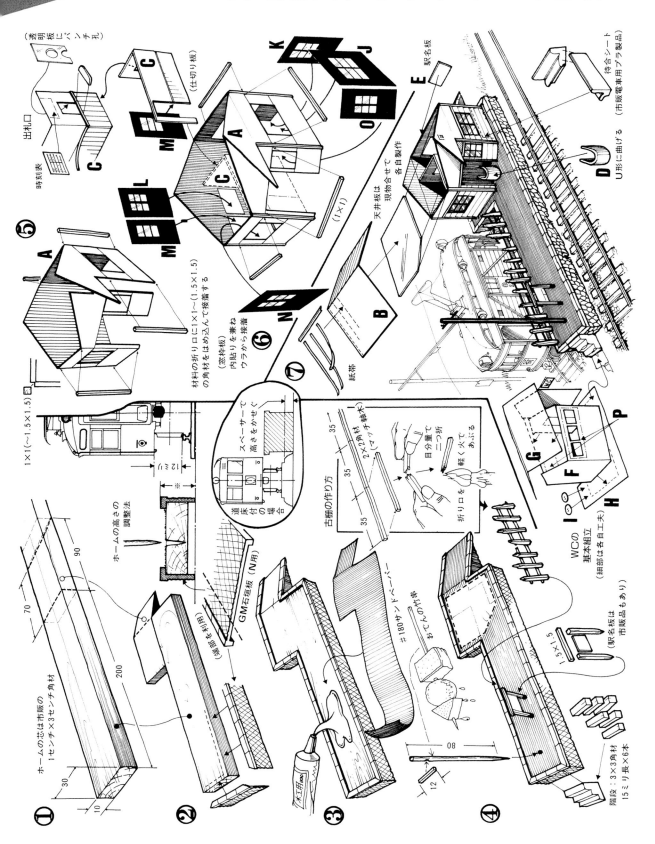

小さな駅の作り方

　単行の小型電車やガソリンカーの似合う小さな駅です。身近かな材料で手軽に作れるよう設計・図解してみました。

　組立図解①～④でホームを，⑤～⑥で駅舎を作り，⑦で両者を合体完成させます。材料図はA～Eが駅舎本体，F～Iが付属のトイレ，J～Pが，それらの窓枠兼内貼り板を示します。

　木を主材料とするホーム関係は，組立図解中に適宜参考寸法を記しましたが，この辺は各自レイアウトに合せて変更してください。

以下，図版の補足程度に製作上の注意を記します。

材 料

　主要材料の厚紙（部品A～I）は通常のペーパー車輌工作に用いるものより一段厚手，大型プラモの空箱・洋服箱をこわしたボール紙等が適当。作例は原稿用紙の背表紙の薄黄色の厚紙を利用しています。

　画材店で売っているイラストボード中，両面にケント紙を貼った白色，平滑なケントボードのうちで一番薄手のものも使えます。

厚すぎると窓抜きが大変ですし，折り曲げも不正確になります。窓まわりの段差も不自然です。

　窓枠／ガラス用の透明板（部品J～P）は，普通のt0.5透明プラ板（スチロール材）で構わないのですが，こちらはできれば一段厚目の，t1程度のアクリル板（DIY店にあり）を使えば内貼り材としての強度も完璧になります。

　透明プラ板（スチロール）使用の場合は，厚紙の壁体との大面積の接着に注意が要ります。溶剤を含んだ接着剤ではスチロールの方が変形し，

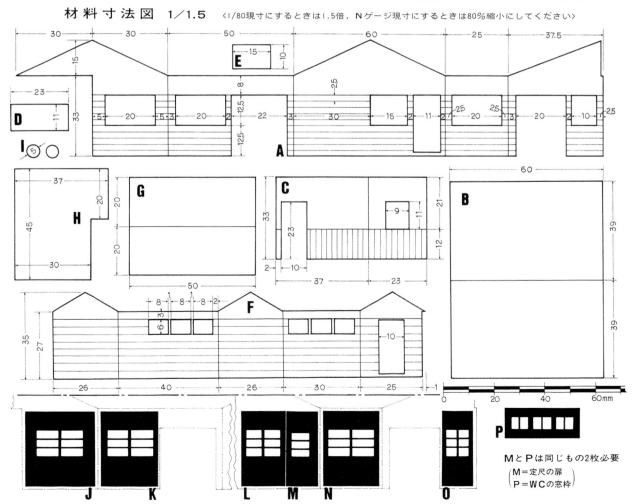

材料寸法図　1/1.5　〈1/80現寸にするときは1.5倍，Nゲージ現寸にするときは80％縮小にしてください〉

MとPは同じもの2枚必要
（M＝定尺の扉
　P＝WCの窓枠）

A～I：t0.8程度のボール紙（折りはすべて表からナイフでスジを付けて「山折り」）
　　　Aは2.5mmピッチ，Fは3mmピッチで横方向にスジ付け（あまり鋭利でない鉄筆，ドライバーの先等で…）

J～P：t0.5程度の透明板（塩ビ，スチロール etc）
　　　スミベタ部分を窓枠色で塗りつぶし

ホーム，駅舎の基本型が出来たところ。本文中に述べた各材料がよくわかると思います。この作例では屋根の形等わずかに図解と異ります。

出来上った小さな駅。WCの配置は自由です。下のようにホームの後ろに置いてもよくまとまります。

烏口を用いて透明板に窓桟を書き込んでいるところ。現寸設計図の上に透明板をのせて描き込み，本体塗装後に貼り付けます。

水性のエマルジョン接着剤（木工ボンドetc.）では紙の方が伸びてしまって，いずれも壁体に反りが生じる危険があります。

体積変化の無いエポキシや瞬間接着剤の使用（白化に注意）が安心です。

木製の角材中，ホームの芯に使う1cm×3cmのものはスーパーのDIYコーナーでも売っています。筆者購入の品は90cm長で210円でした。総ての組立の基礎になる材料なので，反りやねじれの無い良品を選びます。

極細の1×1角材は東急ハンズにて購入。2×2や3×3は文具屋さんや街角のプラモ店でも置いてありますが，前者はマッチの軸木，後者はワリバシでも代用可。きれいに製材されてない荒れた表面が逆に「味」になることもありましょう。1.5×1.5は3×3を四つ割りにします。

その他，作例はツマヨウジ（WCの

出来上った駅に16番小型電車を置いてバランスを見ています。

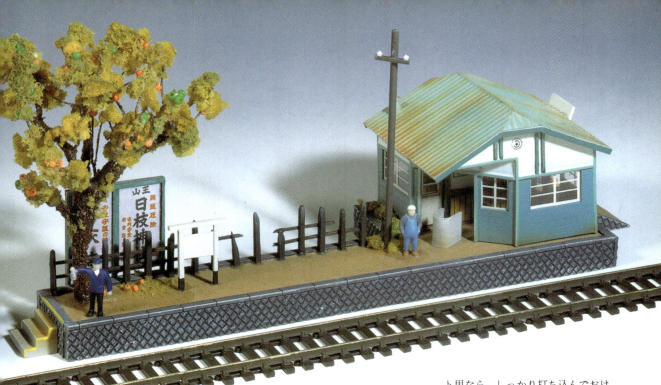

棟），ニューム管（同，換気筒）等も適宜使用しています。

ホーム寸法の調整

ホーム高さは，側面に貼る石垣板（Nゲージ用のプラ成形品）で図のように調整できます。

一般鉄道線用電車，客車（車輪 φ860＝1/80で10.5mm径）は車体側板スソがレール面より12mmになるものと御記憶ください。

従ってホーム高さ（※の寸法）の基準は，「12mm＋レール高さ＋枕木厚み」となります。使用レールのコード（#，数字の小さい方が細いレールです），メーカーによる枕木の厚さの差を考慮の上，各自で決めてください。

道床付線路の場合，道床の厚み全体をホーム高さで吸収しようとすると，大変高いホームとなり，特にこの作例のような幅の狭いローカルムードのホームに全然似合いません。

道床分の厚さのスペーサーを基準に，その上にホームを設置すべきです。

ホームの長さはこのままで15cmくらいまでの小型電車の単行にぴったりですが，延長自由なことは申すまでもありません。太い角材を芯にしたホームは，相当な長さにしてもそれ自体十分の強度を持っており，組立式レイアウトへの転用も可能です。

ホーム上の電柱，架線柱などは深い孔を掘って着脱自在にしておけば破損が防げます。逆に固定レイアウト用なら，しっかり打ち込んでおけばレールクリーニングの際ポロリと取れてしまうような事故を防げます。

塗装について

問題となるのは透明材（J〜P）への窓枠の描き込みだと思います。

これは材料図をコピーで現寸大に拡大し，その上に透明板をテープで仮止めします。次に幅広のマスキングテープをガラス部分に貼ってカッターナイフで窓桟部を切り取り，全

体を窓枠色（室内色を兼ねるので白，クリーム，薄茶等が無難）に塗ってテープをはがせば出来上りとなります。

細書き用ペイントマーカーやデザイン用テープの利用も考えられましょう。なお，作例は窓枠のすべてを，烏口を用いて描いてあります（途中写真参照）。参考までに透明材は塩ビ板，使用塗料はグンゼMr.カラーの「キャラクターフレッシュ①」です。

他の部分の塗装が自由なことは申すまでもありません。ホーム等，作例は石垣板のグレイ，上面に貼ったサンドペーパーの薄茶で，若干のウェザリングを実施した以外ほとんど無塗装です。

ストラクチャーも車輌もレイアウトの一員ですから，何か全体を統一するテーマカラーのようなものを決め，いつもそれを念頭に置きつつ配色を決めていくと，割合まとまりのある作品が出来るかも知れません。

作例の樹木は，プラモ店で2本入100円で売っていた「柿」（河合商会製）を2袋分4本をねじり直して1本にまとめたもの。スポンジの葉と緑のビーズ玉の実を付け足したら，種類不詳の珍木になりました。天然記念物指定の日も近い!?

看板は近所の実物を写真に撮り，カラープリントを縮小して厚紙に貼り，細い角材の枠を付けたものです。駅名板，時刻表，路線案内図等々，適当なプロトタイプさえ見つかれば，皆この方法で作れます。

サビ，雨水のタレ等，ウェザリングの状態さえそのまま正確に再現されるわけです。

*

エンドレスのひとまわりも駅を置くことにより，「発進」「停止」の運転操作に必然に加わり車輌のスロー性能の真の重要性が理解されます。

通過する列車，停車する列車，たった1輌の電車にも二つの表情が生まれます。

「運転」のはじまりです。

パーツが手に入らない！　予算が足りない！　そんな言い訳はストラクチャー工作に無縁です。

切り抜き，組立の少々の歪み，塗りムラも「味」になり得ます。さあ，手近かの空箱をこわして製作開始！
（文中の材料価格は1997年末現在）

> この小駅はシンプルにエンドレスの途中に置いて中間停留場としても良いのですが，ここでは小さなターミナル（終端駅）に仕立ててみました。
> 草深い田舎電鉄のそのまた支線，たった2輌の電車が交互に，日がな行ったり来たり…。
> 10年後に再訪しても何ひとつ変っていない，そんなホッとする風景をせめてモデルに残しておきたいと思います。

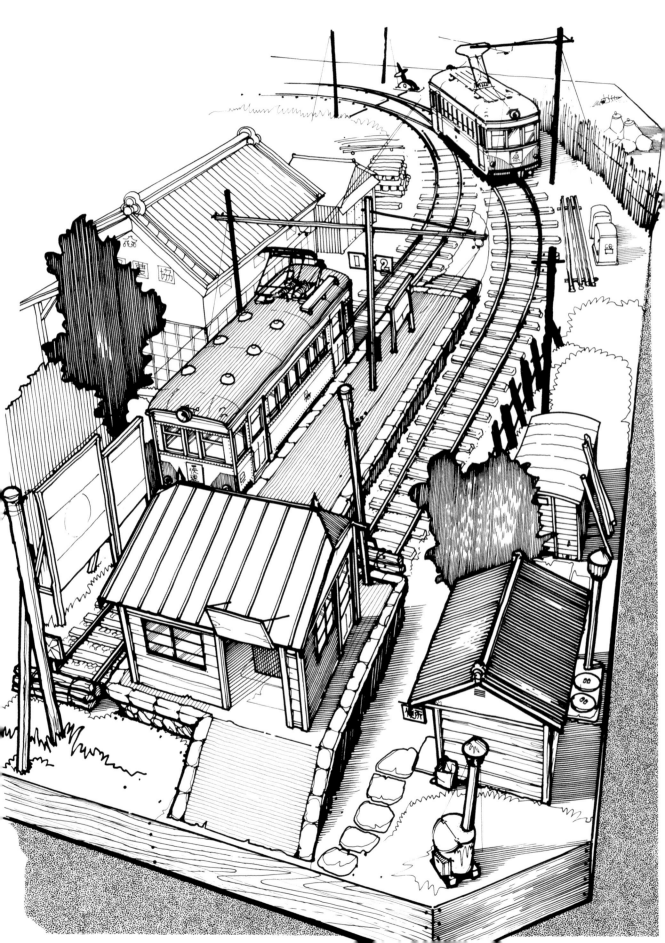

1/80レイアウトアクセサリーとしての…

戦後ボンネットバスさまざま

鉄道模型ファンの立場から，50年前のバスをふり返ってみました

　「ボンネットバス」と言う言葉を，私は子供の頃使った記憶がありません。それが当り前だったからです。

　そんなボンネット型のバスが本当に陸路の主役だった時代を1/80で製作したモデルと共に通観したいと思います。

　この時代，戦前からの小柄なガソリンエンジン付バスの流れに加え，大型ディーゼルバスの急速な擡頭が始まり，これが革命的なエンジンの架装法「リアエンジン」と結び付いて，現在につながるバスの基礎が確立されるのです。

　車体製作でも，在来の独立したシャシーフレームに名人芸を誇るコーチビルダー達が，思い思いのボディーを架装していた時代から，翼を失った航空機工場が，その特技を民需に生かしての全金属モノコック工法への過渡期に当り，短期間の内に戦前には見られなかった急激な変化が次々バスボディーの上に現れて来ます。大変面白い時代なのです。

①W.B.4mクラスのガソリンバス達
（作例1,2,3　図1～2参照）

　軸距離4m（1/80で5cmちょうど！）と言うのは戦前戦後を通じて我国のトラック，バスのひとつのスタンダードでした。

　戦後最初に生産を再開したてのクラスのガソリンバスは皆トラック用シャシーの流用で，その代表メーカーはニッサン（戦時形も戦後形も形式は"180"）とトヨタ（戦前形KB，戦時形KCを経て戦後はBM形）です。

　この2者は，すべてのトラックがそっくりの「顔」になった戦時規格統制の時代はもとより，流線型を取り戻した戦後形も大変似ており，事実足まわりパーツを中心に互換性があったと聞きます。

　ディーゼル大型車の普及が急だった都市部はともかく，ローカル線の駅前に顔を見せる「田舎のオンボロバス」と言うのは，戦後も暫くの間，大体こんな感じのバスだったのです。

　この時代，現在とは比べ物にならない多くの中小車体メーカー（町の鈑金工場程度の！）が全国に存在し，持ち込まれる雑多なシャシーに対して，大型プレス機など一切用いず，文字どおりの手造り現物合わせ，ハンマー一丁でバスボディーを叩き出していたはずです。そのような時代のバスに，各ボディー毎の細かな

戦後間もなくの ガソリンバス達

A：戦時型いすゞTX40＋帝国ボディー
戦後最初期の簡易バスボディーで，バスのロクサン形とも言えるスタイル。
（A'は後ろ姿）

B：戦時型トヨタKC＋刈谷ボディー
車体は戦前最後期のレベルを取り戻しているが，客室窓枠は一段下降式で，出入台に扉なしの伝統的スタイルのまま。

C：ニッサン180＋富士ボディー

D：トヨタBM＋富士ボディー
（当時は富士産業，現富士重工）
富士の車体は，この時点ですでに屋上頂部まで金属板を張り上げ，当時一般的だった木製キャンバス張り部分を持たない。外板に細かく打たれたリベットはセミモノコックの証し。メタルサッシで出入台に扉付き。このように新規参入の旧航空機系メーカーが戦後のバスボディーをリードしていったのです。

図1

＊各車のボンネット部と車体との継ぎ目にも注目。この部分はシャシーメーカーと，ボディーメーカーの技術・デザインの接点で，ボンネット形バスのかくれたチェックポイント！

後列左から作例6・7，中列左から作例4・5・番外，前列左から1・2・3

形態的特徴を云々するのは，余り意味が無いかも知れません。

むしろ，年を追っての共通項的スタイルの変化の大きな流れ（出入口への扉取付義務化＝S25年～，定員30名以上の大型車への非常扉義務化＝S26年～，等々）でとらえた方が，レイアウトのアクセサリーとして時代感を表現するポイントになるようにも思われます。

作例の3台は何れも1/72～1/76クラスの軍用トラックプラモのシャシーにペーパーボディーを架装したもので，作例1は車体後部にガス発生炉（木炭や薪などの代用燃料を不完全燃焼させて，ガスを発生させる装置）を背負った戦時形シャシーの耐乏型。

黒フェンダーに銀ボディーの塗色も含め，典型的終戦直後の日本のバスです。

加速の悪い代燃車は「交通を乱す」等の理由でS25年頃一応禁止になっているはずなのですが，薪や木炭の入手容易な地方ではその後もかなり長命を保ったようで，例えばおなじみエコーモデルのBX41ディーゼル車（S30年式）と車庫で顔を並べ，新旧交替シーンなどと言うのもさほど不自然ではありません。

作例2も戦時形シャシーですが，ボディーはずっとモダンなHゴム窓。このアンバランスは後年のボディー載せ換え，又は大がかりな更新修繕で生じたもので，旧型国電同様，バスの世界でもこう言うことが盛んに行われた時代があったのです。

代燃装置もすでに無く，これならS30年代以降のレイアウトにも違和感なく共存できそうです。

作例3は全ての点で完全に戦時スタイルを脱しており，メッキのフロントグリル（モデルではアルミテープの細切り），流線型フェンダーのトヨタBMシャシーに華やかなマーカーライト付ボディーは，都会のバスが全てディーゼル化された頃の典型的ローカル・ガソリンバスの姿。サイドバンパーもこの頃一般化します。のどかだった頃の原町田の駅前などを思い浮かべながら，神奈中色に塗ってみました。

これらW.B.4mクラスガソリンバスの具体的製作法を，文末に別章を設けて述べたいと思います。尚，作例の「番外」に

背中のガス発生炉が代燃車の象徴（作例1）

4m級トラックシャシーをそのまま使ったキャブオーバーバスの例を示します。

床面積，定員の増大を低コストに実現するためのアイデアで，地方ユーザーで好んで用いられた時期があったようです。（新装，又はボンネット車の車体のせかえ）

外観のモダンさと裏腹に，ウラを返せ

図2　非常口の法制化と細部スタイルの変化

「桜木町事件」の教訓を受け，在来の非貫通スタイルのa,bに対し，新製される車輛はcの如く後部中央に非常扉を設けた3分割窓スタイルが主流となり，これが日本のボンネット形バスを特徴づける後ろ姿となりました。（キャブオーバー，センターアンダーエンジン等の非リアエンジン車も同様）

a,bタイプで製造された在来車は必要に応じ，破線位置に非常扉を取付改造して対処しました。

これらの位置に扉取付の困難なリアエンジン車は，右側面中央（W.B.の中間）に非常口を設けるものが多かったのです。

尚，W.B.4mクラスのボンネット車は，「定員30名」のボーダーラインにあたり，晩年まで開放式の出入台，非常口無しで活躍，そのまま一生を終えるものも多かったようです。

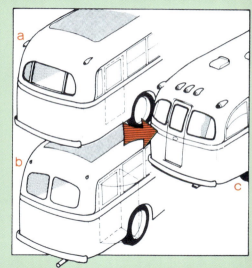

↑作例1・戦時型シャシーの代燃車　↓作例3・トヨタBMシャシー使用の神奈中色　↑作例2・戦時型シャシーのガソリン車　↓番外編・キャブオーバーバス

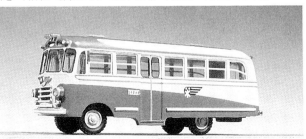

ば戦前以来のトラックシャシーと言う構図は、モデルでも同様。塗色は実際に使用例の豊富な東北地方より、雪景色に映える暖かな色合いの山形交通(旧塗色)を選んでみました。

② 大型ディーゼルボンネットバス達
　　　　　(作例4、5、6　図3参照)

戦後バスの大きな流れは何と言っても、エンジンのディーゼル化、車輌の大型化です。

ディーゼル機関は鉄道車輌用としても戦前すでにかなり研究開発が進んでいたようですが、戦争に依る長い中断空白の後、戦後本格的に普及するには少々時間が必要でした。

対して自動車用のものは戦中も軍用として盛んに研究・製作が行なわれ(我国の大戦中の戦車のディーゼルエンジンは世界的にも有名)、戦後の立ち上りは素早いものがありました。戦後最初期のディーゼル動車のエンジンが大型バス用の流用であったのは御存知のとおり。戦後を代表するディーゼルバスのメーカーは「いすゞ」・「民生」・「日野」・「ふそう」の4社で、これは民生が日産ディーゼルと名を変えただけで、そのまま現在の四大バスシャシーメーカーであるわけです。

いすゞと民生は大型車に限らず、幅広い用途のディーゼルボンネットバスを供給しました。特に前者は多くの模型製品、ミニカーのプロトタイプに選ばれ、又、その最終期の実車に現存するものも多いのです。

民生は対向ピストンのKD形から、今も「UD車」にその名の残るUDエンジンへ、独特の2サイクル機関技術に見るべきものがあります。我国最初のリアエンジンバスにディーゼルエンジンを供給したのも、この会社です。

しかし、ここでは外型的に最も特徴的な大型ボンネット車を製造した日野とふそうの作例をお目にかけたいと思います。

作例6は戦後一世を風びした日野のトレーラーバス。実車は、さすがに運行路線が限られたようで、収容人員に於てもやがて出現する大型リアエンジン車と大差の無いことがわかって短命に終ったのですが、模型にして見ると、何と言っても形が面白く、レイアウトの曲り角などにグイッと曲げて停めてやると、いささか交通妨害の感はあるものの、動きのある情景が演出できます。

作例は足まわりの一部に例によって軍用トラックプラモのパーツを流用している以外、ほぼ完全自作で、トラクター側がオールプラ板製、トレーラー側は木製屋根、ペーパー側板の組み合わせで、流線型電車を作る要領と変わりません。サイズ的にも"電車"そのものです。

実車に於いても、これだけ大きいものになると、町工場で作れるものではなく、シャシー、ボディーの組立には旧軍需工場の巨大建屋が使われたと言います。

車体メーカーは「富士」と「新日国」が主で、共に戦前から知られた航空機メーカーでした。前者(旧中島)については述べる迄もなく、又、後者は戦時中「日本国際航空工業」と言った会社で、有名なドイツの「ユングマン」練習機を1000機以上もライセンス生産したり、終戦間ぎわには木製の巨人輸送機キ-105を設計製作する等、仲々かくれた実績があります。

この2社のボディーは写真ではっきり区別でき、トレーラーのみでなく、トラクター側のキャブ部分も車体メーカー側の独自図面で作られているのが解ります。

私の作例は国鉄バスの形式図に依っているので新日国製と言うことになります。(国鉄バスで使用された日野トレーラーバスは全車新日国製です)

ちなみにクリームとねずみ色のツートーンに青帯を締めたシックな塗装は戦前の省営バス以来の伝統ある国鉄バスの塗色。但し、このトレーラーバス出現の頃がこの戦前派塗り分けの最後の頃で、やがてマルーンとクリームの戦後派ツートンに移行してゆきます。(先の作例2が、それに近い)

最後に残ったのが「ふそう」。このメー

右側サイドビュウ(以後すべてほぼ½)。上から作例1・2・3・番外のCOE(キャブオーバー)

作例6・国鉄バス旧塗色に塗り上げた日野トレーラーバス

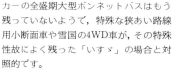
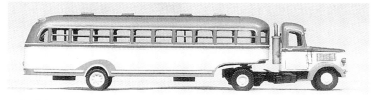

カーの全盛期大型ボンネットバスはもう残っていないようで、特殊な狭あい路線用小断面車や雪国の4WD車が、その特殊性故によく残った「いすゞ」の場合と対照的です。

作例4は戦後最初期のB1クラス。この時代にはガソリン車もあり、ディーゼルなら「B1D」となります。W.B.4.7～5mは当時として、すでに充分大型で堂々たるシャシーですが、フロントスタイルそのものは先のガソリン車達、又、いすゞの戦後第一世代BX91などとも共通するシンプルなプレスのマスクです。

この作例4は10数年前の旧作で、当時売られていたエアフィックス"OO"キットのベッドフォードトラック数種のパーツを合成してボンネット、フェンダーまわりを構成し、プラ板製ボディーとドッキングをさせたもの。ちょっと鼻先が短かったようで、BX91との合の子みたいなシルエットになっています。

実車はやがてシャシーの基本レイアウトを一新してエンジンをぐんと前方にせり出し、あの迫力あるふそうスタイルが確立します。

作例5はその中の超大型車B24形。W.B.5.6m（1/80にして7cmちょうど）、全長11m近くに達する我国最大（単体で）のボンネットバスです。

改めて資料を当ってみると当時のふそうにはW.B.4.5m以下のショート車は無く、この迫力あるフロントスタイルも、後に続く長大なボディーを想定したからこそデザイン出来たのだと思います。

モデルでもこのフロントの再現に全力を注ぐべきだったのですが、不幸にして私の作例は技術力（加うるに視力）が伴わず、実車に於いてパルテノンの如き建築的端正さを見せる、垂直、水平の2段グリルは、垂直柱の本数が少々足りなかったようで、歪みも加わり間抜け顔です。実物の印象が正しく伝わらぬことを恐れ、デザイン変遷図を描きました。（図3）

模型はプラ板2枚重ねの側板に電車用の木製屋根板。両素材を通じて使えるプラモ用サーフェイサーを何度も吹いて、下地仕上げだけはけっこう丹念に行なっています。

ボンネット部のベースは安物のプラ製HOミニカー（スペイン製のフランス型トラック）。米国乗用車のコンチネンタルキット風にリアにマウントしたスペアタイヤは、当時の国鉄バス形式図（S25年式ふそうB25）にもしっかり描かれており、多分実在します。私のは通常の床下と都合2本のスペアを持って、当時の悪

↓筆者のナローレイアウトで（筆者撮影）

路の長距離走破に備えているのです。

ふそうのボンネット車には、特に大型で華かな車が多かっただけに、新型リアエンジン車に置き換えられるのも早く、強烈な印象、記憶のみを残して、足早に通り過ぎていってしまいました。ボンネットバスの「C53」でしょうか。

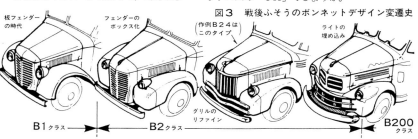

図3　戦後ふそうのボンネットデザイン変遷史

※「ふそう」に限らず他社も大体似たような過程をたどって真の戦後型へ脱皮していきます

作例4・戦後最初期に属するふそうB1クラス

作例5・ふそうB24。我国最大級のボンネットバス。

作例7・進駐軍払下げのGMCトラックシャシー利用のバス。搭乗のGIはエアフィックス製。足まわりは屈強の6WD!

3 払下げ軍用トラックシャシーのバス
(作例7)

戦後の風物詩、進駐軍GMCトラックシャシー利用のバスを1台だけお目にかけます。

モデルも全く実物どおり、ハセガワ製プラキットの足まわり、ボンネット、前フェンダー部をそっくり使い、プラ板製ボディーを被せたもの。屋根もスチロール厚板材からの削り出しで、「オールプラ製」にこだわりを持っていた頃の旧作(約10年前)です。

ベースとなるキットが1/72と大きく、車体はバランスを損わぬ程度に極力小さく作ったのですが、大体1/76くらいでしょうか。出入台に配したエアフィックス製OOのフィギュアとちょうどつり合っています。

実物の車体は千差万別、第一章で「番外」に示したようなキャブオーバー型ボディーを被せた実例もあります。

4 W.B.4m級ボンネットバスを製作する
(図4〜7参照)

第一章で述べた軸距4mトラックシャシー利用のバスを実際に作ってみましょう。我々の小型レイアウトに置きやすく、わずかのアレンジで大変幅広い時代設定に対応可能なこのクラスのバスは、1台あると何かと便利なレイアウトアクセサリーになります。

主要部分を市販の特定プラキット等に頼ることは避け(このクラスの軍用車プラモの供給が以前にくらべ不安定)、本来実物的にはシャシーの一部に属するボンネット部や前フェンダーも含めた上まわり全体をペーパー工作で自作することにします。

従って難しい流線型フェンダーを避けて戦時形シャシーとし、ボディー側は丸味をもったノーマルなタイプとして幅広い情況設定に対応させました。

展開図(図4)を御覧ください。右肩のところに小さなスケール(物差し)が付いています。これが正しくその表示寸法の現寸になるよう拡大コピーして1/80原寸展開図を作ります。

t 0.3〜0.4程度のボール紙にこの原寸図のコピー紙をテープで仮止めし、2枚合わせてカッターで一気に抜きます。先に内側の窓や扉を、最後に外周線を切り抜きます。逆にするとバラバラになって何が何だか解らなくなります。

全パーツが切り出せたら図6の組立に移ります。外板①に内貼り②③を、窓枠がずれないよう注意して貼り付け、図の如くグイッと曲げて前方はボンネットの芯となる木片をはさんで固定します。先の切り抜きの過程で紙の目の取り方が不適切だった人は、この「曲げ」の段階で苦労することになります。

内貼り②の扉部分を外板①と同じに切り抜いて扉の無い開放式出入台にするのも良い味があり、特定の時代表現に有効です。そんなバスにステップまでこぼれ落ちそうな乗客人形を積み込み、レイアウトに配したらさぞ面白かろうと思うのですが、結構高くつきそうで、私には未だ決心がつきません。図5の平面図から寸法を求め適当な厚紙から切り出した補強板A、Bで平面型状を固定します。

車体とボンネット部のつながりは、作例のようにスムースなものばかりでなく、2段に折れ曲ったもの、又、シャシーはシャシー、ボディーはボディーと、双方のメーカーがソッポを向いたようなデザイン的つながりの無いものさえあります。(それはそれで面白い)

A、Bの寸法を明示しなかったのは、

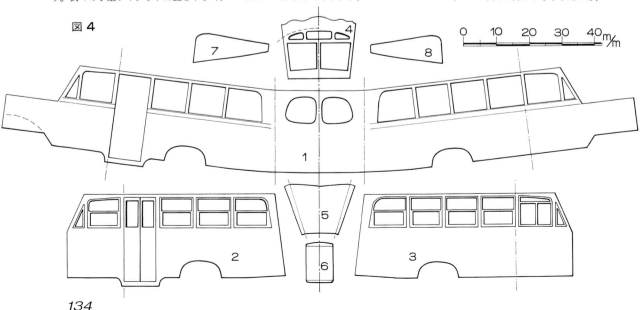

その辺のバリエーションを考えてのことです。尚、展開図1の後部と側板の間の寸法も曲げの余裕をみて大きめにとってあるので、幅27mmを守って曲げると車体長が幾分大きめになるかも知れませんが、それで一向にかまわないのです。又、車体幅を少し大きめにとって、余裕寸法を消化してもかまいません。この辺は、絶対的な寸法ではなく、いろいろバリエーションを作っていただくためのユトリです。

後部のRなどは、本格的に切り込みやしぼりを入れて豊かな曲面を作ろうとすると、このくらいの余裕は必要です（固めてから削り込む）。又、使用するペーパーの材質、厚さによってもずい分違ってきます。

ラジエーター前面⑥は同じサイズの波板と重ね、2mm幅の紙帯でふち取りします。

戦時形シャシーにはラジエーターマスクに担当するカバーが無く、ラジエーターそのものがむき出しになって居るので、その防護用バーが付いています。φ0.4真鍮線をコの字に曲げ、4～5本図のように取り付けておきます。ヘッドライトを、このバーの真ん中に1個だけ取り付けた「1ッ目車」も凄味があります。（大戦末期には遂にライトが1個になった）

フェンダーのRを固定するには裏から細かくカッターで筋を付け、曲げぐせを付けてから瞬間を一滴垂らしてしみ込ませてやればOK！

屋根は工作、入手共容易なバルサ等で十分。中央部の大半は実車のキャンバス

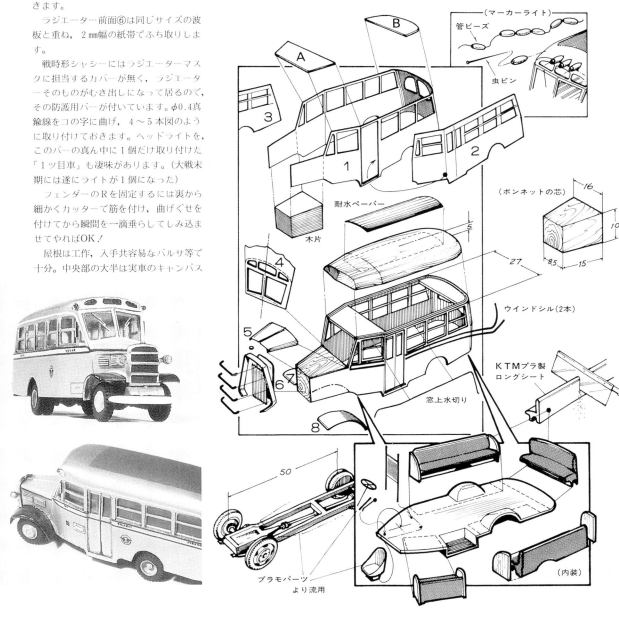

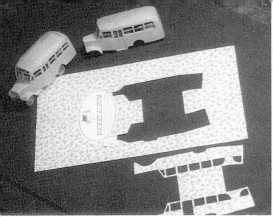

↑W.B.4m級ガソリンバス製作中
↑ここではペーパールーフの場合を示す。難しいが明り窓等全部抜けるのでリアル。
↓下塗り中。タミヤ・スーパーサーフェイサー使用
↓床板もペーパー製、シャシーはプラモ流用品、角棒自作等さまざま

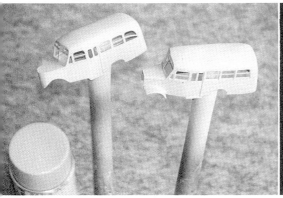

張りを表現するため、耐水ペーパーなどを貼るので、あまり目止めに神経質になることもありません。

屋根両肩、及び後部の大きなR部を中心に下地仕上げを行ない、その後、客室窓上辺に細い水切りを一本、窓下にダブルになったウインドシルを取り付けます。(作例は紙帯)

床板は現物合わせの厚手ボール紙製。

図には作り込んだ内装が描いてありますが、同じ程度に作ってあるのは作例1くらいのものです。(窓が小さいのであまり目立たず、やりがいが無い)

シャシーフレームは一番簡単なのは、ハセガワ1/72・トヨタGB(エンジン始動車)のものをそのまま流用することで、実車GBの軸距3.6mを1/72にしてちょうど50mm。これは4m車の1/80寸法と見事にぴったり一致するのです。

キットは、図に示したようにフレーム部分が完全に独立別パーツになっているのも好都合で、又、後輪のシングルタイヤも、戦中戦後のタイヤ不足時代は、むしろその方が普通だったので、何等手を加える必要がありません。しかし、このキットも昔程入手容易ではないようです。

それなら2×2プラ角棒で簡単なラダーフレームを組み、安価なミニカー、プラ製トイ等からタイヤを調達して自作します。近所のスーパーで、丁度良いタイヤを付けた「働くトラック8台セット」(￥500、中国製)を売っていました。こんなのは捜せば他にいくらもあると思います。

しかし、それも見付からなければNゲージポケットライン用動力ユニットを買ってきてカットのような簡易軌道のレールバスにでも仕立てて下さい。これならタイヤは要りません。

さて、これで出来上りです。何色に塗りましょう。黒いフェンダー、ダークグリーンのボディーに白帯一本をキリリと締めた戦前派がお好みですか。放出航空塗料のまぶしいアルミ粉末を身にまとい、焼跡の街を駆け抜けた銀バスですか。それとも波型のフェンダー塗り分けも鮮かな戦後派に仕上げましょうか…。(完)

第4章

ナローの魅力

空想の世界の中で，ロコたちは美しい田園風景の中を，
古風な街並みの中を自由に駆けてくれました。
ナローをあまりに狭苦しい世界に閉じ込めていたのは誤りと知りました。

2'-6"の軽便鉄道

　併用軌道でバッタリ顔を合わせた単端列車とトレーラーバス！　今日は何か特別な行事の日でもあるのか，珍しや単端の重連がデッキまでお客をのせたボギーの合造客車を，重そうに引っぱってやって来ました。
　併走するライバルのバス路線も，普段のオンボロ木炭車にかえて，今日だけは新鋭大型トレーラーバスを投入して大いにサービスに努めているようです。国産，舶来，3種のエンジンの不協和音が古い家並みを震わせます。
　平和の到来で御役御免になった，戦車工場の遊休大型設備を活用して作られたと言う，このジャンボバスは，今日の道路事情ではとてもマトモに走れそうにありませんが，戦後の一時期，確かに路面交通の花形でした。
　単端ガソにもこんなトレーラー式のものがあって，昔のTMSに楽しい競作記事が出ていたのを思い出します。
　色褪せた，対空迷彩の残る右手の風変わりな木造の塔は，平面交差している軌道のための信号所なのですが，地元の消防分団に間借りしているので，防火の垂れ幕など吊られています。こんな密閉型の望楼は今でも北国の古い町を歩いて時折り見かけるものです。

盛岡市内で見かけた板張りの密閉式望楼（筆者撮影）

セピア色の情景——
単端式ガソリン動車の走る街

　単端ガソの交換するこの駅は，近くに集落もない雑木林の中の小駅に過ぎないのですが，距離的に本線のほぼ中間に位置し，整備工場を兼ねた駐泊所などもあって活況を呈しています。

　軽便としては相当のロングランを強いられるこの軌道の単端にとって，中間点での整備補給は欠かせないのです。また，転車台はここでの折り返し列車のあることを物語っています。

　折しも，交換待ちのバケットカーには駅員さんがヤカンでラジエーター冷却水の補給中。

　ポイントを渡って進入して来た対向車は相当のポンコツで，Aフォードのエンジンボンネットは半開きのまま，おまけに雨漏りでもするのか屋根布はツギハギの有様で，早期の更新整備が待たれます。

　ゲテモノの流線型キャブオーバーの単端が顔をのぞかせる，整備場前の空地に放置されたV8フォードのエンジンやグリルは，この更新工事のためのもののようで，街の解体屋さんから中古トラックのパーツを安く仕入れて来たものでしょう。

　このV8エンジンを搭載すれば，ちっぽけな単端もパワー倍増，2～3輛も引っぱって輸送力改善に役立つはずです。

1/80・9mmナロー

Nゲージの動力で快走するチビガソ4輌

簡単に単端を作る

運転台が一方にしかなくて、そちら向きにしか走れないから単端式…。古めかしいボンネットをひょっとこの口のように突き出したスタイルがなんとも愉快。実物はとうの昔に全滅してしまいましたが、気動車揺らん期に生れた鉄路のひょうきん者です。

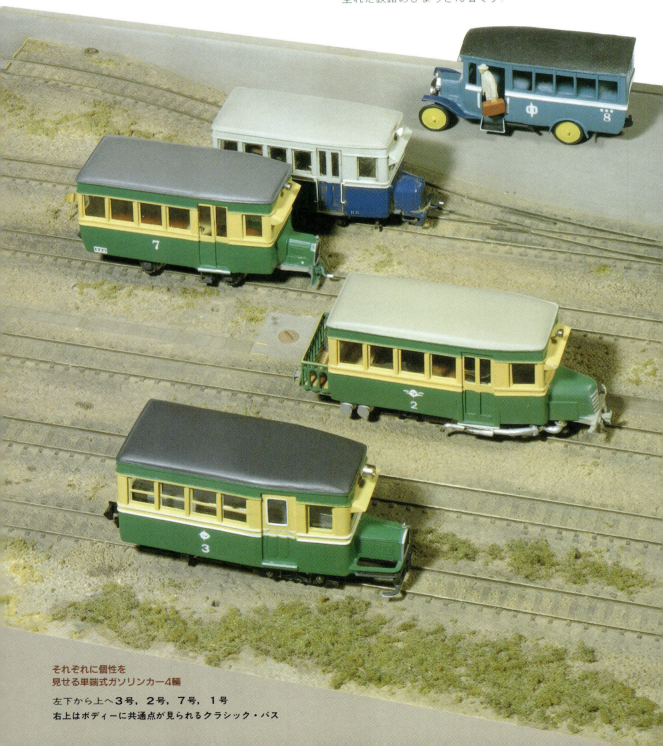

それぞれに個性を見せる単端式ガソリンカー4輌
左下から上へ3号，2号，7号，1号
右上はボディーに共通点が見られるクラシック・バス

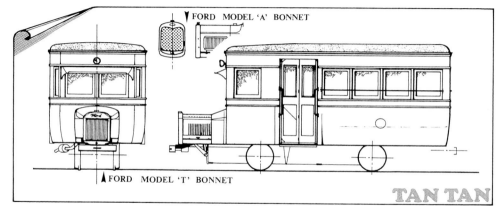

日車半鋼製単端式ガソリン動車の標準的なスタイル。

(ほぼ現寸)

　Nゲージの動力をそっくり使って，快調に走るナローの日車型単端を軽い気分で作ってみました。実物は当初「軌道自動車」などと称していたようで，その名のとおり古いボンネットバスに鉄輪を取りつけた感じのスタイルは，愛嬌たっぷりで私のもっとも好むところ。

　客車の一端にラジエーターだけ遠慮がちに顔を見せたようなものより，こちらの方がいかにも"我こそレールバスの元祖"みたいな面構えで個性的，かつレイアウトで走らせても方向感がはっきりして面白いと思います。

　私は別に電車ギライではないのですが，たとえエンドレスを廻すだけの運転にしても，電車より機関車牽引の方が，また，どうせなら電機より蒸機牽引の方が見ていて面白いのは，ロッドやバルブギヤーの動きといった問題を別にしても，この形態上の「方向感」というのがいくらか関係しているように思われます。

　一方向にしか走れない列車(車輛)というのは，当然終点で方向転換しなくてはならないなど運転上の制約も多いわけですが，逆にそれが運転の興味を倍加しているようにも思うのです。

　このチビガソも，オーバーハングして突き出したボンネットを急カーブで線路からググーッとはみ出しながら廻って行くさまはなかなかの見もの。終点に着いたら小さな転車台でクルリと方向転換，いま来た道をトコトコ帰って行きます。

　さて，お目にかけます駄作4輛，九十九里風の青と白に塗り分けたひときわ小型の1輛は1970年代製の超旧作(昔からこういうの好きだったのです)。プラスティック万能を信じていた頃で，車体は屋根・側板・ボンネットから内部補強に至るまでオールプラ(スチロール)製。要するにプラモデルと同じです。

　井笠風の黄色と草色のツートーンの3輛がごく最近の作で，基本寸法はおおむねスケール(1/80)にのっとりつつ，細部デザインを気の向くままにアレンジしながら連作したもので，車体はいわゆるペーパー製。プラ製ミニカーのボンネットや適宜金属パーツも使用した"適材適所"型モデルです。

　動力方式も手近かに入手できるN製品より数種をピックアップ，異なった方式を試みてみました。ナローファンの軽工作の御参考にでもなれば幸いです。

車体の製作

　前記のように旧作の小型車No.1のみオールプラ，残り3輛(No.2，3，7)がペーパー製です。

　No.1は断面寸法のみ1/80に準拠し，長手寸法をぐっと寸詰りにアレンジしたフリーであり，また「曲げ」や「しぼり」の多いボディーはプラよりペーパー細工に向いているようにも思われますので，以下主にNo.2，3，7について述べます。

　このタイプの実車は，基本寸法は大体決まっているようで，2軸のも片ボギーのも車体そのものは窓配置を含め，それほど大きな変化はなさそうです。

　展開図はおおむねNo.2，7に使用のもので，一部修正して1/80のセミ・スケールとして通用する程度にしておきました。(但し乗務員扉省略。ないものもあるようです)

　私の車体は手近にあったプラモの空箱をこわしてケガき，カッターナイフの刃をポキポキ折りながら切り抜いて図1のように曲げ，主に木工用瞬間接着剤を使って組立てました。

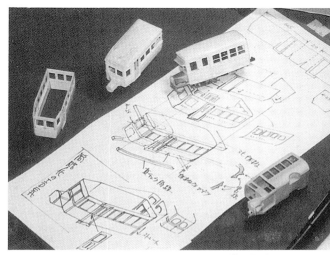

一気に製作中の単端3輛，手前にバスボディーも見える(筆者撮影)

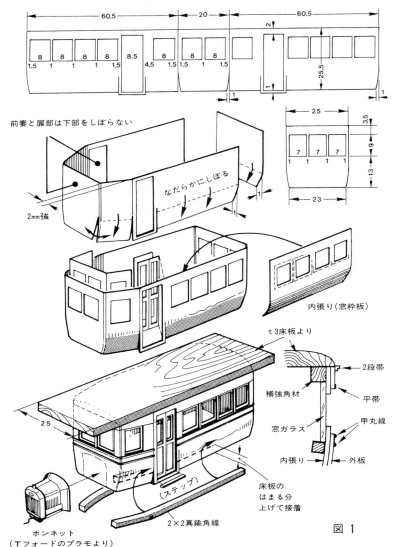

図 1

　下地が出来たらディテーリングに移ります。シル，ヘッダー，雨どい等，細い紙帯を貼ってあるだけですが，少し凝って実物のようにするなら，断面図のように2本の窓下帯（ウインドシル）に真鍮の甲丸線を焼き鈍して使えばよいと思います。

　このシルが細い2本帯になっているのは，車体スソや平面のしぼりと同様，この時代のバスボディーの標準的な工法で，この帯の間をストライプ状に塗り分け，社名等を記入するのが一般的でした。この名残りが，最新のスケルトンボディーのバスにまで残っているのは面白いと思います。

　こわれやすい前面の大きなヒサシは，薄い真鍮板で作りました。その上の小さなオワンライトはエコーモデルのパーツがぴったり。塗装後に取付けてメッキの肌を生かすと良いアクセントになります。

　私の作例にはありませんが，実物には屋根上に小型のガーランドベンチレーターを2個のせたものもあります。No.2の後部荷台は帆船模型用の手スリパーツです。

　さて形態上のポイントとなるエンジンボンネット。実物の日車型単端は基本的にTフォードのエンジン付で製造，その後，時代とともにより強力なエンジンに換装され，ボンネットやグリルもそっくり取換えられたものが多いようです。戦後の写真を見ると，Aフォードに取替えられたのはまだしも，武骨な戦時型トラックのラジエーターや，戦後型ニッサンの半流ボンネットを付けたのまであって，本当に面白いのです。

　私のモデルはNo.7がオリジナルどおりのTフォードで，これはかつてサニーから発売された50円プラモのフォードT型から切り取ったもの。いまどき50円のプラモがあるのをいぶかる方も多いと思いますが，私の街（埼玉県）では確かに数年前まで売っていました。ただし模型屋さんでなく駄菓子屋さんで！

　この手の低価格のプラモはどうも普通のキットとは流通経路が違うようで，有名ホビーショップなどではまず見かけません。しかし，この50円フォードに関して言うなら，出来はなかなかのもので，特にスケール表示はありませんが，ごらんのように1/80ボディーにバランス良くおさまっています。

　別に，このキットを1/80クラシック・バスに改造した

　曲げの部分や角，切口にも瞬間をしみ込ませながら組んでいくと，たいへん丈夫になり，車体スソのしぼりなども事前に適当な曲げぐせをつけた外板と内張り（窓枠）板を瞬間で貼り合わせるとガッチリ固まって曲げが戻ることはありません。ただし，貼り合わせてから曲げるのは無理です。

　偏平な屋根は普通の3mm厚の電車用床板。と言ってもこの「普通」の木製屋根・床板が普通に売っていないのが少々つらいところですが，これは別に鉄道模型用でなくとも一般工作材料としての3mm厚朴板でもよいわけで，これなら近所のプラモ屋さんにもありました。

　初めからピッタリの寸法に切り抜いて，整形後に貼り付けるといった芸当は私にはできず，幅（25mm）のみ正確に切り出して車体にしっかり接着，糸ノコで前後を切り落として，あとはナイフとヤスリでゴシゴシとRを整形し，耐水ペーパーとサーフェーサー（グンゼのスプレー式を愛用）でツルツルに仕上げました。

ものも併せてお目にかけましょう。実物同様ホイールベースを延長，ボール紙の客室部をかぶせたもので，単端とのスタイルの共通点など御理解いただけると思います。

No.1とNo.2は輸入HOミニカーの軍用トラック（オーストリアRoskopf（ロスコプ）製の旧西独陸軍トラック）から切り取ったボンネットを使用しており，これは戦後型なのでモダンな流線型ですが，車体とのアンバランスを意識的にねらって，いかにも"改造を重ねつつも，たくましく生き残った"といったムードを出したかった意図もあるのです。

RocoやVikingで出している古いメルセデスやオペルのトラックなども各種輸入されているので，それ等を使えば車体とのバランスの良い，マトモなスタイルになるはずです。

↑Tフォードのミニ・プラキットとそのボンネットを利用したバス，単端7号の形状比較

り，隅のRもきれいに無理なく出せると思います。

私のNo.3ではさらに客室窓が桟入りになっていたり，足まわりが片ボギー式だったりして，一層他の3輌とは異なる風変わりなムードを持っております。この車のボンネットは，偶然手に入れた本物の「グース」のパーツ（輸出用の）です。エッチングのボンネットカバーにロストのグリルで，さすがに立派なものです。

車体の簡略化

いろいろな曲げやしぼりで，結構複雑な形をしている日車型単端のボディーを，作りやすいシンプルな形にアレンジし直したのが図2です。図とまったく同一ではありませんが，私の作例中No.3がおおむねこれに当たります。

側板はスソのしぼりを止めて平面のしぼりだけにし，扉も面倒な折り戸を普通の引き戸に改めて市販の真鍮パーツをそのまま用いました（以上は実物にも同様の改造例あり）。後妻を本物のバスのような丸っこい2枚窓にするのはデザイン的にも面白いし，図のように側板とぐるりひとつなぎにケガくこともできるので組立てが楽にな

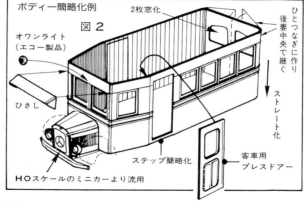

下まわり

No.1, 2, 7が普通の2軸，No.3が片ボギー式で，モーターなしダミーのNo.7をのぞいて，それぞれNゲージ製品利用の異なった駆動方式を採用しています。

どれも私の車輌としては決して悪い走りではないのですが，中でもいちばん調子の良いKATO・ポケットラインの動力ユニット使用の，No.2を基にした図解をお目にかけます。（図3）

私はこのユニットの好調を維持し，デリケートなスロー性能を損なわぬよう，バラさずにそのまま糸ノコで前

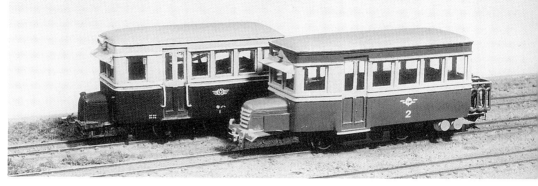

1号と2号は輸入ミニカーの軍用トラックからボンネットを転用して，改造を重ねた生き残りの感じを狙っている。2号の後部床下に見えるのは天然ガスのボンベのつもり。

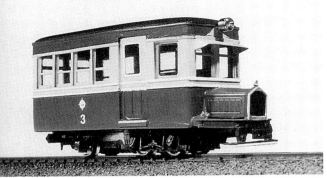

↑C型ディーゼルの動力ユニットを用い片ボギーに見せる3号

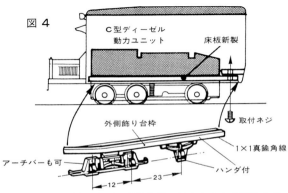

後を静かに切断, 新たにt1.0ベーク板より新装した床板にはめ込んで接着, そのまま足まわりとしました。

図のように動力ユニットをぎりぎりまで前方にずらして固定(つまり後部オーバーハングを大きく)すると実物に近いプロポーションが得られます。床板の空いた後部スペースが新たなカプラー取付けスペースとなり(動力ユニット本来のカプラーは車体のオーバーハングの関係で使えない), また上下締め付けネジのスペースともなります。

私のNo.2は天然ガス動車を気どって, この後部床下に銀色のボンベ4本を吊っていますが, これは実はウェイト代用。何分軽い車輛なので少しでも補重してやるとやはり集電が違います。

以上で足まわりは完成です。本当に楽しくも簡単な加工でした。

参考までに他の2輌の動力にも触れておきます。唯一片ボギーのNo.3の中身はトミックスのC型ディーゼル機。昔のMade in Hong Kongの方ではなく, 今も売っている国産版の軸配置が, 単純な0-6-0とは違い, 1軸が極端にとびはなれているのに目をつけ, これに片ボギー風の外側飾り台車枠を取付けたものです。(図4)

したがっていかにもボギー風に見える先台車(?)は首を振らず, R140といったような急カーブ向きではありません。実物は劣悪な線路条件に対応するため前軸をボギーに改めているわけですから, これでは正反対です。そのボギーに手持ちの古いトロリー用パーツを使っていますが, これは普通のアーチバー台車の方が一般的で, Nゲージの旧型気動車用台車(Gマックス)なども充分使えます。

私のようなトロリー風の台車を使ったものは, 旧朝鮮の私鉄向に製造されたものにいくらか例があり, その場合ボギーはセンター位置がずっと前進して, ちょうどボンネットの下あたりに付いて, いかにも「先台車」といった感じになっています。

超小型のNo.1は何しろ1970年代製の旧作で, 動力もトミーの旧製品ED75(香港製)の台車1個分のギヤーユニットを使ったもの。軸距わずか17mmで必然的に車体も寸詰りになっているわけです。反面R140の急カーブもなんのその, 実にミニレイアウト向ではあります。

No.7は先にも触れたようにモーターなし。Nの動力をそのまま使ったものばかりで, 内側台枠丸見えで足まわりのシルエットが重たく, 1台くらい実物どおりの軽快なシルエットのが欲しかったのです。これはNo.3と背中合わせに連結して珍妙な編成運転を楽しんでいます。

この車は前述のようにボンネットも本来のTフォード型, 荷台など余分なアクセサリーも一切付いていないので, いちばんすっきりして日車バス型単端の本来の美しさを見せているように思います。

塗 装

ペーパー製のものはグンゼのスプレー式サーフェーサー(サーフェーサー1000)で下地を整え, 同じくMr.カラーの吹付けで仕上げました。私は金属製もプラ製もペーパー製もみんなプラ用のカラーで仕上げてしまいます。近所のプラモ屋さんで豊富な色数が自由に手に入るからで, それぞれの材質に応じた下地仕上げさえしっかりしておけば別にはげやすいこともないと思います。

No.1が九十九里風, No.2, 3, 7が井笠風の, それぞれツートーンの塗り分けで, 全部自家調合です。

戦前のオリジナルな感じを出すなら, 当然チョコレート色の単色塗装に, せいぜい窓下にストライプ一本と言ったところでしょうが, この軽い車輛に軽い感じの塗り分けは意外に似合っているようにも思います。

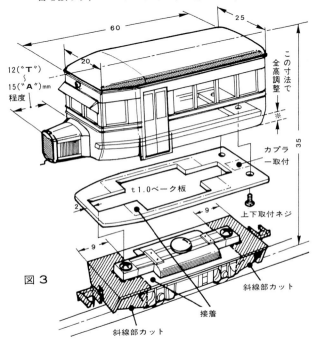

TanTan。リズミカルな良い響きです。
レールを刻むジョイント音のようでもあり。
又，如何にもカンタンに手軽に作れそうでもあります。

アメリカの鉄道模型シーンと云って，最初に思い浮かぶのは，
私の世代では（そして TMS 読者としては…）やはり J.Alen と彼の G.D 鉄道でしょう。
このカットイラストは，その辺への私のいくらかのオマージュがあります。

ナロー蒸機
2ダース＋1

1輌1輌みな違う，味な面々……

つれづれなるままに作りつづけた軽便蒸機たち。この20年間，たまりにたまって御覧のとおり…。

大半がホワイトメタルの積木細工にNゲージロコの足まわりを組み付けたフリーランスの簡易工作，一輛ずつ紹介する価値のないものと知りつつも，2ダースまとまれば枯木も山の賑わい，それなりの楽しさも感じていただけるかと，発表にまかり出た次第です。

もとより，組立改造や塗装技法を肩ひじ張って述べるのが目的ではありません。イラストとともに気楽に楽しんでいただければと思います。

時の流れは早く，使用した製品，パーツの多くは，今はもう見かけないものです。例えば塗料でさえ「ピラー」という，今では相当のプラモファンでさえ忘却の彼方にあるブランドを使ったのがあります。この塗料が大好きでした。微粉末のつや消し剤は正に絶品で，色名にも「麦わら色」など詩的なものがありました。

まずは，この道をTMSと共に歩んで来た私の，ごくごく私的なナロー遍歴といったところです。

第1作はスクラッチビルトのブラスモデル…
そしてピィコのホワイトメタルキットを中心に
気の向くままに作った25輛のバラエティー

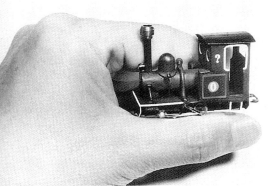
↑記念すべき第1作，0号機は素朴な味が捨て難い

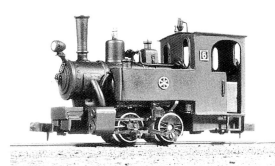
↑本格真鍮工作で自作した井笠タイプの6号機

── 前史時代 ──

　橋本さんのナロー記事（祖師谷軽便・レイアウトモデリングに収録）がTMS誌上を賑わせていた頃，たった一度だけトビーの広告の片隅に載った小さな写真，HOn2½蒸機の試作を報じるものでしたが，待てど暮らせど遂に市場に姿を見せませんでした。この写真の印象に魅かれて1968年頃作った9mmナロー蒸機の第一作が0号機です。（ナンバーは後でふったもので，必ずしも製作順でない）

　こんな小さなものハナから動かす自信はなく，当初からダミーのつもりで作り，エガーバーンのトロッコ列車のしっぽにくっついて，後部補機よろしくR140の仮設エンドレスを走り廻ったものです。

　一応オール真鍮製の本格派（どこが!!）で，形の良いドームは何の因縁かトビー4030形の残がいから拾い出したもの。？マークの由来は言うまでもなく角倉さんの名作，EXISTENCE（変った車輌30題に収録）であります。

　学校卒業後の一時期旋盤やボール盤など本格工作機械の自由に使える職場にいたことがあります。嬉しくってコッペルの煙突やドームを挽きまくり，今度こそ本格真鍮工作で作り上げたのが6号機のB型コッペル。

当時安価に入手できたバックマン（香港製）のBタンク，ドックサイドの足まわりを組み付けて快調を誇りました。

　上まわりの基本型は，大好きだった和久田さんの記事（ナローゲージモデリングに収録）。添付の現寸図からそのまま採寸して忠実に作ったので，以後，私のナローは何の思想的裏付けもないまま，自動的に1/87から1/80へ移行しました。16番と共存し得る日本型ナローの縮尺という気の遠くなる難題を前に，苦悶の青春時代を過ごしたとおっしゃる赤井哲朗氏を想うとき，自分のいいかげんさが恥かしく思われます。

　サイドタンク内いっぱいに今もおとなしく収まっているミクロウェイトが，当時の「走り」に対する情熱，来るべきレイアウト走行への熱い想いを伝えてくれる6号機は，今も尚，もっとも愛着のある一台でもあります。

── ホワイトメタルとの出会い ──

　やがて，PECO/GEMのWメタルOO9キットが機芸出版社扱いで入荷，TMS311号に紹介され，後を追うように新興トミーから純日本型のCタンク，トミーナインスケールのK.S.K.Cタンクが発売されるや，この二者は見事私の中で合体，ナローSL乱作時代へと突入します。

ホワイトメタルキット「ダグラス」組立加工の3種。好調のケ92，らっきょー煙突の2号機，グリーン塗装も鮮かな27号機。

↑黒塗り，煙突上部磨き出しの4号機と黒・ブルーの塗分けに白いライニングが効果的な19号機

1970年代半ばのことです。

　真鍮製キットの何とはなしの冷たさ，無表情（偏見なのでしょうが…）にどうしてもなじめなかった私には，長年親しんだプラモに相通ずるWメタルキットの気安さ，肌の暖か味が好ましいものに感じられ，また，何とはなくゆったりした英国のOOという1/76サイズも，以前から山崎主筆の記事により英国製プラキット蒸機の動力化など手がけていた私には，親しみの持てるものでした。

　専ら足まわりを供給することになるトミーのCタンクも，少々の当りハズレはあるものの，とにかく安価で良く走りました。当りの確率が今少し高ければ現在も充分通用した製品と惜しまれます。

　以下Wメタルキット群について，グループごとに少々詳しく記してみます。

Ⓐ Douglas（2号，27号，ケ92号）

　大好きなキットです。その名前からしてヒコーキファンの私には何となく親しいものがあります。今では1/87のコッペルやクラウスが幾つも出ているのですが，少なくとも私にとってはこのキットの「味」に勝てません。

　向こうのスケて見える極細ボイラーに，更に細い煙突，キャブ後妻の出窓（？）も如何にもケイベンっぽくて大好きです。

　唯一の難点は，指定足まわりのアーノルト製Bタンクが高価かつ品薄のため入手難だったことで，私の3輌も各々ミニトリックスT3（2号機），バックマンドックサイド（27号機），トミーCタンク（ケ92号機）の代用足まわりと苦心のドッキングをさせてあり，上まわりは殆ど無改造にもかかわらず，微妙にプロポーションの異なるのがお分かりいただけるかと思います。なお，27号機は不調につきモーター撤去，その際グリーンに塗りかえて男前が上がりました。

　このキット，もう一度入手する機会あらば，今度はKATOポケットラインのチビBタンクの足と組み合わせて，ダミーの重連用ロコにでも仕立ててやろうかと思っています。

　ケ92号は，製作当時その静粛な走行性が自慢で（要するに「当り」だった），方南町の第一回軽便祭のレイアウト走行にとび入り参加，超スロー運転で絶賛（？）を博しました。

Ⓑ James（4号，19号）

　愛きょうあるサドルタンク機です。キット指定のアーノルトシャーシの4号機，トミーCタンクの19号機の2輌在籍。このロコは，煙突を思いっきり高くしてアクセントを付けてやると，低く構えた丸窓キャブとの取り合わせが絶妙で，良い味を出してくれます。

Ⓒ Dolgoch（8号，20号）

　正しくは何と発音するのでしょうか。ドイツ風にドルゴホと呼んでもと思います。純英国風に整ったロコで，鉄道創業時の160形などを連想します。そのイメージを尊重してロイアルブルーに金線で決めたのが8号機で，これはリマ製下まわりの英伊混血です。当初よりモーターなしのダミー重連機。

　もう1輌の20号機はトミーCタンク利用の実用機で，こちらはゴチャゴチャとパーツを取付け，ツヤ消しの黒一色で，さしずめ8号機の晩年といったところです。

これもブルーにライニング入りの8号機

20号機はぐっと日本の軽便風

英国風グリーン塗装の1号機, 27号機。27号機は次頁イラストの主人公。

ロイアルブルーの塗装がぴったり, 8号機とサドルタンク19号機。この19号機も次頁のイラストに後ろ姿が描かれている。

赤い塗装の3輌は, それぞれが強い個性の持ち主。25号機, 5号機, 301号機。25号機は併用軌道, 301号機は, しょう油工場のイラストに出演。

⑪ Martha─VARI-KIT（3号, 21号, 301号）

　VARIはパーツにバリが多いという訳では決してなく, variable kitの略でしょうか。

　グリーンマックスの電車キットの元祖のようなオマケの多いキットで, そのまま組んだ印象はずんぐりボイラーの太い産業ロコのイメージで, あまりカワユイ感じではないのですが, しかし, このキットはわずかのメークでよく化けます。

　鈍重な感じを更に強調して「丸瀬布の雨宮」あたりの北国の林鉄ロコをイメージしてみた21号機, 余計なものを一切取り除いてスッキリ英国紳士に変身させた301号機, 原型どおりの3号機と比較して同じキットに見えま

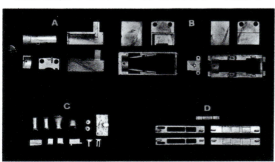

←バリ・キットの内容。Aは共通部品, Bは2組あり, 使用する下まわりによって使い分ける。Cは煙室・ドームその他の選択部品。Dはスカート2種と歩み板延長用部品。

キットの説明書より→

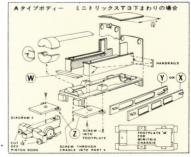

こんなレイアウト作りたかった――― 1

　「Douglas」は，いかにも"軽便"らしい姿の良い機関車です。3 輌ある同型機のうち，いま，海辺の街から支線用の電車型客車を牽いて，このＹ字ジャンクションに姿を見せたのは草色のボイラーの美しい27号機。

　入念な英国風塗装の本機は，まだ火の粉止めの装備はなく，したがって浜辺の支線限定運用となっています。

　ゆるくカーブしたホームから庫の脇を抜け，彼方の原野へ出発して行く本線列車は，特徴あるサンフラワー煙突からブルーのサドルタンク19号機の牽引と知れます。

　「青い稲妻」の異名をとる本機（速いのでなく，音がやかましく，よくスパークする）は，愛きょうあるスタイルとキレイな塗装で人気者でした。

バリ・キットを使って形態のバリエーションを楽しんだ3, 21, 301号機

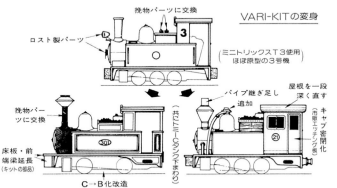

↓日本型の雰囲気に近づけた9号機

すか？（以上イラスト参照）。足まわりをおおうスカート部品を使うなら更にスタイルは変化し，この場合の動力装置はディーゼル用でも何でも構わないわけです。重連用ダミーロコなら2軸貨車の足まわりを付けておいてもわかりません。（22号機参照）

余ったパーツは，適当なパイプのボイラーと組み合わせて思いっきりウェザリングを利かせ，機関庫裏の廃ロコ残がいなどアクセサリーとして利用価値があります。

とにかく買って損のない楽しめるキットではあります。

Ⓔ Jeanette（9号）

ベルペア火室が少々我々の目には異様ですが，他はくせのないおとなしいロコで，指定どおりのアーノルトのシャーシを組み込んだ1輛を製作，ドーム等の配置を少々改造しました。

何とはなく，我が「雨宮」や「深川」あたりのおとなしい日本型ロコの代用品のような目で見ていたのですが，しばらくして「いさみや」から本当の雨宮の1/80キットが出て，我が軌道ではカゲの薄い存在になってしまいました。──さて，その「雨宮」…

Ⓕ いさみや「雨宮タイプ」（11号，12号，25号）

キャスティングの肉が薄いのに，事後変型のゆがみも無く，良く湯が流れているのに驚きました。（ただし，ボイラー，サイドタンク等ムクパーツのヒケ，肌荒れは少々気になり，この点は歴史と伝統の英国製に一日の長があります）

組み上がった印象は正に日本のケイベンそのもので，後続のコッペル等大いに期待したのですが遂に発売されず，下まわり用Cタンクもいつしかカタログ落ち，すべては一場の夢と消えました。それにしても1/80のコッペルが欲しいものです。

雨宮タイプのキットを使った3輛。11号はキット素組，12号機はリアリズム派，25号機は赤い塗装でメルヘン調に…

↑バグナル風の小型サドルタンク，5号機

さて，本機はしばしば言われるように，デザイン的にはややフロントデッキが突出したきらいがあり，これを改善するため二つの方法を試みました。

デッキ前端につかみ棒（挽き物パーツ）を立て，若干のディテールアップを施したリアリズム派の12号機，特大の油燈（古いロストパーツ）とダイヤモンドスタック，赤い塗装でメルヘンの味をねらった25号機，それぞれをキット素組の11号機と比較して成果のほどを御判断ねがいます。

以上，すべて下まわりは指定どおりのトミーCタンクです。

Ⓖ 小型サドルタンク機（5号）

英Salfford models製Wメタルキット組立です。

可愛いウナギのマークでおなじみの浜松の模型屋さんが，東京の見本市で出張販売していたのを見付けて購入したもので，純然たる情景用ダミーロコ(scenic model)。

聞くところによると同じキットで動力装置付のコンプリートキットもあるそうで，この超小型機に対し如何なるモーター，如何なる駆動メカを用いているのか興味あるところです。スケールはもちろんOO，説明書タイトルは単に"Small saddle tank"ですが，我が国にもなじみ深いバグナルあたりがプロトタイプでありましょう。

⑪ 廃品利用機（10号，17号，22号）

VARI-KITを組むと床板，キャブパーツの大物はじめ数多くの部品が余剰となります。これが足をもがれたNゲージロコのボイラーと合体，らさにジャンク箱のプラ，真鍮，Wメタルのクズパーツと複雑にからみ合って自然発生したロコたちで，今その詳細を述べる記憶を持って

10号機と17号機は余剰パーツ利用で生まれた機関車おりません。

その昔，ラバウル航空隊では主隊撤収後も，残存整備兵たちが基地周辺に散らばる残がいをかき集めて数機の可動零戦を作り上げ，終戦の日までささやかな抵抗を続けたと聞きますが，言ってみればマァそんなものです。

違うところは，残念ながら3輌とも無動力の重連専用機のため自走出来ないことで，しかし，それゆえ自由気ままにプロポーションをいじることができました。

いちばんマトモな17号機について記憶をたどるなら，床板，キャブ前妻，屋根がVARI-KITの残り，後妻が「雨宮」の残り，ボイラーはアーノルトのT3，足まわりはモーター不調で廃車になったドックサイドBタンクの残がいから回収，唯一購入した煙突は西大寺コッペル用で

22号機も余剰パーツ利用ながらクレーンを乗せてぐっと個性的

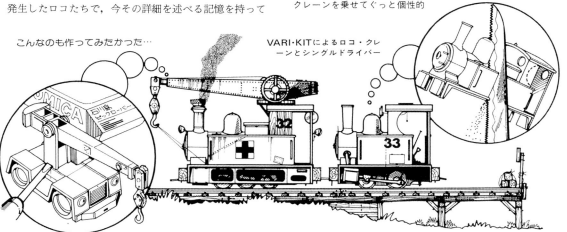

こんなレイアウト作りたかった─── 2

　もう1輛のサドルタンク4号機（James）の牽く混合列車と赤い301号機（VARI-KIT）の貨物列車とが行き違う昼下リの交換駅。
　駅舎はすっかり古びてはいるものの，かつてはモダンな洋館造りで，これは主軌道主要駅の共通仕様。対するコケむしたレンガ煙突，白壁の仕込み蔵のあるしょう油工場は，筆者にとっての原風景───永遠のテーマでした。
　わら屋根集落の軒をかすめて走るこの軌道のロコたちにとって，大きな火の粉止めの煙突は必然です。農家の破風にいまも残る「水」の伏せ文字（一種のおまじない）が，かつて機関車の火の粉で多発したと言う沿線火災の恐怖を物語っています。

"私有貨車"

こんなレイアウト作りたかった────3

　本線の相当部分は田舎道脇の併用軌道です。軌道が大きな商家や町工場の前を通るとき，しばしば手廻しの豆ターンテーブルに出喰わします。道路と直角に引き込まれ，裏手の蔵や作業場に通ずる私設軌道から私有貨車（屋号の入った箱トロ）を引き出し，本線列車に直接連結，出入荷の便をはかるものです。
　列車は店からの合図で，テーブルを少し行き過ぎて停まり，人力入換で後尾にトロッコを増解結しながらのんびり進んで行くのです。
　「戸口から戸口へ」の思想をいち早く先取りしたこのサービスもしかし，やがて訪れるモータリゼーションの波とともに三輪トラックにとってかわられる運命にありました。
　ここに現われた油灯と小さなダイヤモンドスタックの，時代錯誤的オールドファッション・ロコは，「赤い雨宮さん」こと25号機。

▲ナロー蒸機2ダース+1の勢揃い　　左から0，1，2，3，4，5，6，7，8，9，10，11，12，照）

↑製品のプロポーションを手直しした7号機

18号機はロコ製ドイツ型で若干のディテールアップとウェイト増加（煙突もVARI-KITのゴツイムクパーツに取り換えて重量アップに貢献）で走行性の向上を計ったもの。

▶1号，16号

以前売っていた軽便機関車キャブエッチング板セット（乗工社）とトミーCタンクとの合体例。

1号機は原設計どおりSL用キャブですが，16号機は無理を承知でDL用をCタンクにかぶせたもの。興にのって足まわりをBに改造（このとき無動力ダミー化），古い挽き物パーツの大きなライトと煙突（雨宮のスペアパーツ）で原型とは似ても似つかぬ軽便ムード満点のロコとなりました。

このような場当り改造は，もっとも得意とするところであります。

あります。（ゆえに制作費数百円也！）

なお，和久田さんの影響によるクレーンロコ22号機の，スカートにかくれて見えない足まわりは，前述のように2軸貨車用，クレーンそのものも，古いミニカーから取りばずしたもので，これは捜せば今でも似たものが売られていると思います。（建設機械を物色せよ！）

この種構内機関車がスカートを付けているのは，作業の危険，騒音防止の点から必然性があるので，VARI-KIT等もその雰囲気を生かしてクレーンロコ（ロコモティブクレーン）に仕立てて見るのも一興かと思います。（イラスト参照）

以下Wメタル以外のロコたちについて簡単に…

▶7号，18号

プラ製完成機の改造です。7号機はジューフ製Decauville機のキャブ高さを切り詰めたスケール化で，スモールさんの古い記事どおり。（ナローゲージモデリング参

製品をディテールアップした18号機

英国 PECO ナロー ホワイトメタル ボディーキット

品切中のダグラス入荷！

▶GL1〜5ボディーキットはホワイトメタル製。接着でも組め，下まわりは外国製NゲージのB・Cタンク機を利用，ミニトリックスやアーノルトほか海外製品販売店でお求めください。下まわりの入手の紹介はいたしかねます。

バリキット　GL-3　¥2500

▶左のバリキットは下図A・B・Cのキャブ後部三態に，煙突だけでも3種入の付属パーツによって，数十種のタイプが生れます。バリキットの詳細工作法のTMS記事（No.311, '74年5月号）に24種のイラストがあります。

GL-3 バリキットのバリエーション

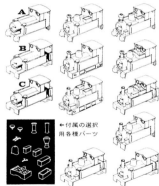

（為替レートの変動により，近く値上げの予定です）

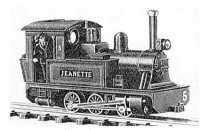

ジャネット　GL-1　¥3200

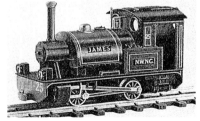

ジェームス　GL-2　¥3200

輸入・機芸出版社

15, 16, 17, 18, 19, 20, 21, 22, 25, 27, ケ92, 301の面々。いずれ劣らぬ個性豊かな顔つきである。

▶15号

唯一マトモな珊瑚（乗工社）のBコッペル。あまり真鍮バラキットは作らないのですが，これだけは持っていないとナローゲージャーとしてはモグリと言われそうなので…。

発売と同時に購入，徹夜で組み立てた初期製品ですが，良く走ってくれました。規定により前部にエガー式ヒッカケ連結器，後部にアーノルトカプラーを取付けたのが唯一の改造点。小柄な体にローマン書体の大きな白いナンバーを付けてせい一杯の個性を主張しています。

或る時期から主に健康上の理由でレイアウトに対する情熱を失い，それと共に「走らない」ロコが多くなりました。更新修理のたびにモーターとギヤーを抜きとって，ついでに集電ブラシも切り落として，机上でゴロゴロころがすだけの日々が続きました。

不思議なことに，R140の仮設エンドレスをくの字になってぐるぐる廻っていた頃より，機関車は多くを語ってくれるようになりました。

空想の世界の中で，ロコたちは美しい田園風景の中を，古風な街並みの中を自由に駆けてくれました。ナローをあまりに狭苦しい世界に閉じ込めていたのは誤りと知りました。

雄大な自然を，ゆったりと拡がる街並みを背景に，か細い線路や小さなロコたちはその魅力を発揮します。巨大な工場，鉱山の片隅からのろのろ姿を見せるのも良いでしょう。要するに背景が「大きく」ないと相対的にナローの魅力が出ないことに気付いたのです。必ずしもレイアウトスペースのことだけではないのですが…。

いま蒸気動車などを手がけていますが，私にナローの大レイアウトを作る余力はありません。2ダース余のロコたちは空想の世界の中を走り廻るだけです。おそらく今後もずっと……

1，16号機はキャブエッチング板セット利用で，16号機はDL用キャブを使用。　　15号機はキット組立のB型コッペル

平成2年7月7日締切！
ハガキでお申込ください。

GL1〜5のうち2キット以上の小社直接注文に限り，この2キット以外に御注文のバリキットは，特価1250円といたします。

ハガキに「品番・品名（ボディーキット以外のPECO製品も可）・個数」（15歳以下は保護者名・印）を記入し〒157 東京成城郵便局私書箱58号・機芸出版社PECOナロー係にお申込みください　申込順に6月中旬より発送を開始します　品物到着後7日以内に同封送金用紙でお支払いください　（消費税・送料500円）

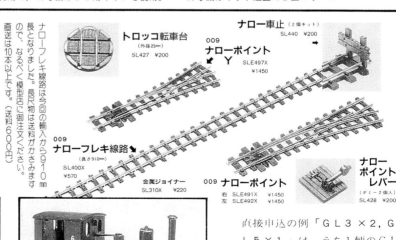

ナローフレキ線路は今回の輸入から910mm長となりました。長尺物は送料がかさみますので，なるべく模型店に御注文ください。直送は10本以上です。（送料600円）

トロッコ転車台（外径25mm）SL427 ¥200

ナロー車止（2個キット）SL440 ¥200

009 ナローポイント Y SLE497X ¥1450

009 ナローフレキ線路（長さ910mm）SL400X ¥570

金属ジョイナー SL310X ¥220

009 ナローポイント 右 SLE491X ¥1450 左 SLE492X ¥1450

ナローポイントレバー（ダミー2個入）SL428 ¥200

直接申込の例「GL3×2，GL5×1」は，うち1輌のGL3のみ1250円です。

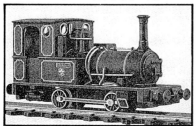

ドルゴー GL-4 ¥3600　　ダグラス GL-5 ¥3800

本稿は歴史的記録として再掲したもので，PECOナローは現在は取り扱っておりません。　機芸出版社

小林信夫の模型世界　——解説にかえて——

　小林信夫さんに会ったことがある…という鉄道模型愛好家の話を，今までに聞いたことがありません。
　その独特なタッチのイラストは鉄道模型界で知らぬ人がいないほどなのに，私たちはびっくりするほど「小林信夫」さんのことを何も知らぬまま，小林さんは遠い世界へと旅立たれてしまいました。
　しかし，長年にわたる小林さんのＴＭＳへの執筆記事を読み返してみると，ご自身の模型人生をその中に多数書き記されていたのです。
　そしてそれは，戦後鉄道模型史そのものでもありました。

　昭和20年代生まれの小林さんは，0番の時代をかすりつつ，全盛期の16番で育った世代。また，日本初のＮゲージ製品・関水金属の初代Ｃ50とオハ31や，ＨＯナロー９ミリの噂矢・エガーバーン製品も発売後いち早く手にされています（本書8・9頁）。当時はまだ10代半ばだったはずで，かなり早熟な少年であったことがうかがえます。
　ここまではアマチュアの趣味人としての関わりでしたが，美大卒業後「東京下町の大きな玩具メーカー」に入社されてからはお仕事としてＮゲージの商品開発に関与。さらには玩具・プラモデル関連も携われたようです。トミックス初期のカタログやトミカ用ストラクチャー「トミカラマ」の箱絵に小林さんのイラストを確認できます。
　サラリーマンを辞められた後，1978年頃からはグリーンマックスのＮゲージストラクチャーキットの箱絵や，同社カタログのイラストを担当。この辺りからはベテランＮゲージャーならばご記憶でしょうが，これらすべてに作者のお名前はどこにも見当たりませんでした。
　当時のグリーンマックス総合カタログ（通称ＧＭカタログ。1978年にVol.1が発行。以後１〜２年間隔で発行）は小林さんのイラストによる特集記事が好評で，後に特集記事だけを抜き出し再構成した「ＧＭマニュアルVol.1」も発行されたほどです。現在ネットオークション等ではいずれも相当なプレミア価格で取引されています。
　いま，あらためて読み返してみると，イラストのみならず文章も小林さんの文体そのもの。「各自工夫の事」「シロウトはだませる」「Ａ君の作った小田急とＢ君の作った小田急は色が違っていて当たり前」といった令和においてネットミーム化しているフレーズも，小林さんが生み出したものにほかなりません。
　しかし，年号が平成に変わった後，1990年発行のＧＭカタログVol.9からは小林さんのイラストは消え，人気のあったコラム的記事も皆無に。同社ストラクチャーキットの箱絵も1990年発売頃の品からは，絵柄こそ似せてあれど明らかに別の作者のイラストに代わっています。
　これはご病気で入退院を繰り返したため（本書82頁）と思われ，もし小林さんが健康を害されていなかったら…と残念でなりません。

　小林さんがＴＭＳに初登場されたのは，グリーンマックスの仕事を降板後の平成２年・1990年６月号（No.529）掲載の「ナロー蒸機　２ダース＋１」（本書146頁）。多くの人は「ＧＭイラストの人」のお名前が「小林信夫」であることをその時初めて知ったのです。

鵜飼健一郎

　それから2023年に亡くなるまでの33年間，特に2007年9月号(No.771)から2023年9月号(No.980)までの16年間は1号も欠かすことなく執筆。それらの記事の中からセレクトしたのが本書となります。
　第1章に収録の「軌間9ミリ小カーブで遊ぶ」は，2000年代半ばのNゲージ小カーブ線路の発売に触発された記事。小林さんが夢見ていた「Nゲージ小型レイアウト」がようやく手軽に作れるような時代になったことへの喜びが行間からあふれています。
　実はトミーのKSKタイプCタンクが小林さんの企画であったことは本書7頁にある通りですし，小林さんが関与されていた時代のグリーンマックスカタログでも「小型レイアウトのお推め」といった記事があり，長年追求されていたテーマだったのでしょう。
　第2章のフリーランス記事の車輛たちのモチーフは様々ですが，中でも西武には格別の想いがあったようです。82頁の「"真説"レッドアロー誕生秘話」は所沢で過ごした日々の思い出と架空のフリーランスが融合。

小林さんの昆虫好きも分かる印象深い一編です。また，正規の美術教育を受けた方だったためか，74頁の「フリー，デフォルメの造形」のように理論的な部分にもたびたび筆が及ぶのも特徴。小林さんは単なる「絵師」ではないことに気付かされます。
　第3章のストラクチャーもそれぞれ人生の思い出と密接につながっていますが，特にアパートについては相当な思い入れをお持ちだった模様。104頁の作例の「福寿荘」という名前は，小林さんのイラストに登場するアパートによく使われており，青春時代を過ごされたアパートの名前なのではと推察されます。88頁のイラストに描かれた西武多摩湖線沿いの「福寿荘」がそれなのかもしれません。
　97頁の「ガソリンスタンド考」では自作品ではなく昔の建物プラモデルを詳細に紹介。ストラクチャー製品開発に携われた立場での先人に対するリスペクトを感じます。
　第4章のナローですが，146頁のTMS初登場記事「ナロー蒸機2ダース＋1」は，ご自身のナロー遍歴を記しつつ，1970年代に人気のあったホワイトメタルナロー蒸機キット

について総括された内容で，87分署による「ダックス」や，その流れを継いだ乗工社製品とは異なるもう一つの潮流を記録した貴重な記事です。
　なお，いさみやの雨宮タイプはTMS2015年6月号(No.879)にて，いのうえ・こーいちさんが自ら原型を作って同店に持ち込んだことを明かされています。前述の通り下回りに使うCタンクは小林さんの企画。平成末期TMSの連載陣であったお二方が，間接的にそんな関係があったとは偶然とは言え感慨深いところです。そして「すべては一場の夢と消えました」というフレーズに何とも云えぬ寂しさを感じます。

　小林さんは晩年，TMS連載以外にトミーテック「猫屋線」「ノスタルジック鉄道コレクション」のイメージイラストを担当。箱絵に惹かれてそれらを手にされ，小レイアウトを夢見る方も多いでしょう。
　本書収録の小林さんの記事群が，そういった方々にも参考かつ刺激になれば…と願う次第です。
　次は皆さんが「貴方の模型世界」を創る番なのです。

小林信夫の模型世界

2024 年 9 月 1 日発行

著　者：小林信夫
発行人：井門義博
編集人：名取紀之

発行所：株式会社 機芸出版社
〒157‐0072　東京都世田谷区祖師谷 1－15－11
℡ 03-3482-6016
印刷所：株式会社サンニチ印刷

企画：鵜飼健一郎
装丁：松本成実
本文デザイン：長峰征一

Printed in Japan
ⓒNobuo Kobayashi ／ Kigei Publishing Co.,LTD.2024

ISBN978-4-905659-28-0　※本書掲載内容の無断複写、転載（web を含む）、並びに商品化を禁じます。

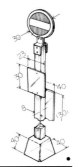